Marion Zerbst
Werner Waldmann

DuMonts Handbuch
Zeichen und Symbole

Herkunft • Bedeutung • Verwendung

DuMonts Handbuch Zeichen und Symbole
Herkunft – Bedeutung – Verwendung
Von Marion Zerbst/Werner Waldmann

Die Originalausgabe erschien 2003 im DuMont monte Verlag, Köln.

Erste Auflage 2006
© 2006 DuMont Literatur und Kunst Verlag, Köln
Alle Rechte vorbehalten
Umschlag: Christina Friderici
Layout: Dr. Anna Wagner
DTP: Karolina Stuhec Meglic, Elke Werner
Bildresearch: Dr. Werner Kafka
Producing: MediText, Stuttgart
Abbildungen: Akg (S. 119-121, 131-133), die Rechte für alle nicht aufgeführten Abbildungen
liegen beim Autor, beim Verlag oder konnten nicht ausfindig gemacht werden.
Gedruckt auf säurefreiem und chlorfrei gebleichtem Papier
Druck und Verarbeitung: fgb · freiburger graphische betriebe
Printed in Germany

ISBN 10: 3-8321-7711-6
ISBN 13: 978-3-8321-7711-9

Inhalt

Was sind Symbole?

Das Wort „Symbol" leitet sich vom griechischen „symbolon" („Zusammengeworfenes, Zusammengefügtes") her und ist – um es ganz einfach auszudrücken – etwas, das für etwas anderes steht. Ein Symbol bringt eine Sache, einen Vorgang oder eine abstrakte Idee stellvertretend zum Ausdruck. So ist zum Beispiel die Rose ein Symbol für Liebe oder ein Kreis mit einem nach unten weisenden Kreuz ein Symbol für den Planeten Venus: Zwei Dinge, die auf den ersten Blick nicht unbedingt immer etwas miteinander zu tun haben, werden „zusammengefügt", das heißt miteinander assoziiert.

In diesem weitesten Sinn gehören zu den Symbolen auch chemische, physikalische und mathematische Zeichen (wie beispielsweise das Plus-Zeichen als Symbol dafür, dass zwei Zahlen miteinander addiert werden) und die Piktogramme: Bildsymbole mit einer festgelegten, meist international verständlichen Bedeutung – zum Beispiel Verkehrszeichen oder Schilder, die als Zeichen für Rauchverbot eine durchkreuzte Zigarette zeigen.

Symbol und Sinnbild

Oft werden „Zeichen" und „Symbol" als identische, gegeneinander austauschbare Begriffe verwendet. Anderen Definitionen zufolge besitzt ein Symbol jedoch einen sehr viel tieferen Sinn als ein Zeichen. So definiert der Psychologe C. G. Jung den Begriff „Symbol" folgendermaßen: „Ein Wort oder ein Bild ist symbolisch, wenn es mehr enthält, als man auf den ersten Blick erkennen kann..." Nach dieser Definition (die das Symbol als »Sinnbild« begreift) sind Piktogramme und wissenschaftliche Zeichen wie beispielsweise Plus oder Minus keine Symbole.

Ein gutes Beispiel für die unterschiedliche Bedeutungstiefe von Symbolen und Zeichen bzw. Piktogrammen ist das Feuer: Ein Schild, auf dem Flammen abgebildet sind, kann vor Feuer- oder Brandgefahr warnen – in dieser vordergründigen Bedeutung würde es sich bei der Darstellung des Feuers um ein Piktogramm handeln. Im religiösen und philosophischen Sinn hingegen ist Feuer häufig ein Symbol für Gott oder die Erleuchtung: So stehen die Feuerzungen, die an Pfingsten auf die Jünger herabregneten, beispielsweise für den Heiligen Geist.

In ähnlicher Weise kann ein Totenkopf auf dem Etikett einer Flasche darauf hinweisen, dass die in der Flasche enthaltene Flüssigkeit tödlich giftig ist (Piktogramm); er kann aber auch ein religiös oder philosophisch zu verstehendes Symbol für den Tod oder die Vergänglichkeit allen Lebens sein (Symbol).

Symbole als Wegweiser für die Reise ins Innere

Für C. G. Jung wohnt Symbolen ein verborgener, „göttlicher" Sinn inne, den man nicht mit dem rationalen Verstand, sondern nur intuitiv erfassen kann: „Wenn die Seele das Symbol erforscht, wird sie zu Vorstellungen geführt, die jenseits des Zugriffs des Verstandes liegen."

Diese Definition lässt uns unwillkürlich an die komplexe Symbolsprache vieler Kunstwerke und literarischen Werke denken. Auch religiöse und esoterische Symbole lassen sich häufig nicht mit dem Verstand allein erfassen. So dient die komplexe Symbolik indischer Mandalas und Yantras beispielsweise Buddhisten, Hinduisten und westlichen Esoterikern als Meditationshilfe; sie erkennen darin Verkörperungen bestimmter kosmischer und göttlicher Kräfte und Eigenschaften, in die sie sich während der Meditation versenken.

Ein Symbol kann verschiedene Bedeutungen haben

Viele Symbole sind mehrdeutig: Das heißt, ihr Sinn lässt sich nicht immer eindeutig entschlüsseln. So entdeckten manche Forscher in der vielschichtigen Symbolsprache der Tarotkarten religiöse und mythologische Überlieferungen früherer Kulturen wieder; andere erkennen in den geheimnisvollen Bildern, von denen eine eigentümliche Faszination ausgeht, Inhalte magischer oder religiöser Geheimlehren, während wieder andere die Bilder einfach nur dazu benutzen, um die Zukunft vorauszusagen. Auch die Symbole literarischer und künstlerischer Werke werden von den Wissenschaftlern oft recht unterschiedlich interpretiert.

Natürlich ist die Bedeutung eines Symbols auch von seinem kulturellen und historischen Umfeld abhängig. Viele Symbole hatten im Laufe der Jahrhunderte sehr unterschiedliche Bedeutungen: So entwickelte sich beispielsweise das Hakenkreuz vom uralten indischen Glückssymbol im 20. Jahrhundert zum politischen Symbol für den Nationalsozialismus und wird auch heute noch von neofaschistischen Gruppierungen als propagandistisches Werkzeug verwendet. Der Drache, der in unserer stark von der christlichen Religion geprägten Kultur eine negative Bedeutung (als Symbol des Bösen und des Teufels) hat und dementsprechend auch in Märchen, Kinderbüchern und Filmen meist als gefährliches, blutrünstiges

Ungeheuer dargestellt wird, gilt bei den Chinesen als gutartiges Tier, Glücksbringer und Sinnbild kaiserlicher Macht.

Andererseits gibt es uralte Symbole, die schon in vorgeschichtlicher Zeit existierten und auch heute noch verwendet werden – und die erstaunlicherweise in den verschiedensten Kulturen und historischen Epochen oft eine sehr ähnliche Bedeutung hatten, wie beispielsweise der Kreis als Symbol der Ewigkeit, des Unendlichen oder längliche Gegenstände wie Speer oder Schwert als Symbole des männlichen Geschlechtsorgans. C. G. Jung sieht in solchen Symbolen (die auch in Träumen eine wichtige Rolle spielen) so genannte Archetypen: vererbte Bilder und Vorstellungen, die zum kollektiven Unbewussten der Menschheit gehören und in allen Kulturen und Zeitaltern wiederkehren.

Dieses Buch möchte Sie zu einer spannenden Entdeckungsreise in die Welt der Symbole einladen. Es stellt eine Auswahl der wichtigsten Zeichen und Symbole aus allen Bereichen vor, in denen Symbole eine Rolle spielen bzw. gespielt haben: Religion und Esoterik, Geschichte und Politik, Liebe und Erotik, Naturwissenschaften etc. Auch auf Schriften und Piktogramme wird ausführlich eingegangen.

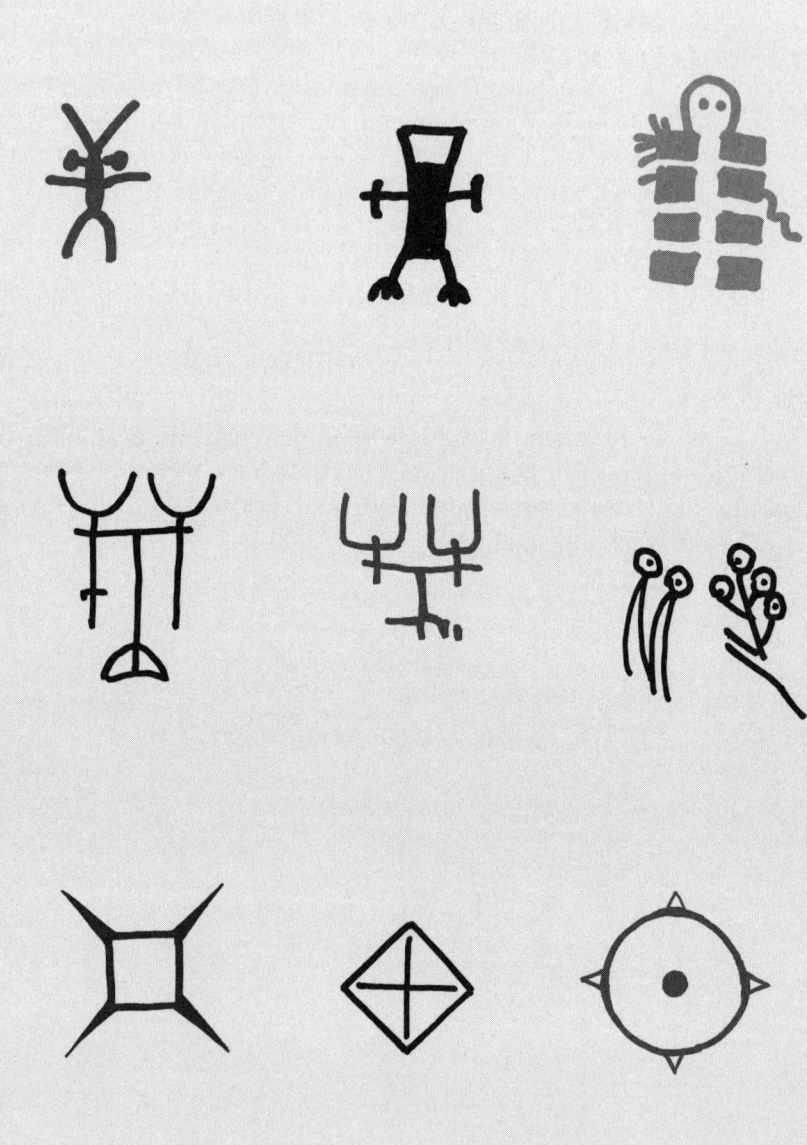

Ursymbole

Eine uralte Bildersprache

Viele künstlerische Äußerungen aus den frühesten Zeiten der Mensch-
heitsgeschichte ranken sich um das Alltagsleben der Menschen jener Zeit:
Es sind mehr oder weniger realistische oder abstrahierte Darstellungen von
Tieren, Pflanzen, Werkzeugen und Menschengestalten. So gab es in den
verschiedensten Kulturen der Vorzeit Felsbilder: Darstellungen verschiedenen Stils und Inhalts, die an Felswänden (vor allem in Höhlen), aber auch
auf Felsblöcken und Steinplatten entweder mit Farbstoffen aufgetragen
oder eingeritzt wurden.

Nicht immer lassen diese Zeichnungen sich eindeutig interpretieren. So
spielte beispielsweise das Tier in diesen Kulturen die unterschiedlichsten
Rollen: Es konnte Jagd- oder Haustier, Totem (Tierahne bzw. Schutzgeist),
Geschlechts- oder Fruchtbarkeitssymbol oder auch eine Gottheit sein.
Ebenso ist es mit den menschlichen Gestalten, bei denen nicht immer klar
ist, ob es sich wirklich um Menschen oder um Gottheiten bzw. mythische
Wesen handelt. Auch die Darstellungen von Pfeilspitzen, Wurfstöcken und
anderen Waffen, wie man sie beispielsweise in den Höhlenbildern der jüngeren Altsteinzeit häufig findet, können sowohl realistische Bilder von Waffen als auch Bestandteile von Jagdzauber-Ritualen sein.

Neben diesen gegenständlichen Motiven finden sich in diesen Felsbildern, aber auch in Stein- und Knochenstücken (und später als Ornamente
auf Geschirr und anderen Alltagsgegenständen) jedoch auch abstrakte
Figuren und Zeichen, die in so gut wie allen frühen Kulturen der Erde vorkommen. Viele dieser Figuren, zu denen beispielsweise Kreis, Kreuz, Quadrat und Spirale gehören, spielen auch in unserer heutigen Kunst und Symbolsprache immer noch eine wichtige Rolle. Der Psychologe C. G. Jung
sieht in ihnen archetypische Strukturmuster: vererbte Bilder und Vorstellungen, die Menschen aller Zeiten und Kulturen gemeinsam sind, da sie
zum kollektiven Unbewussten der Menschheit gehören.

Menschen-, Tier- und Pflanzengestalten, Naturerscheinungen

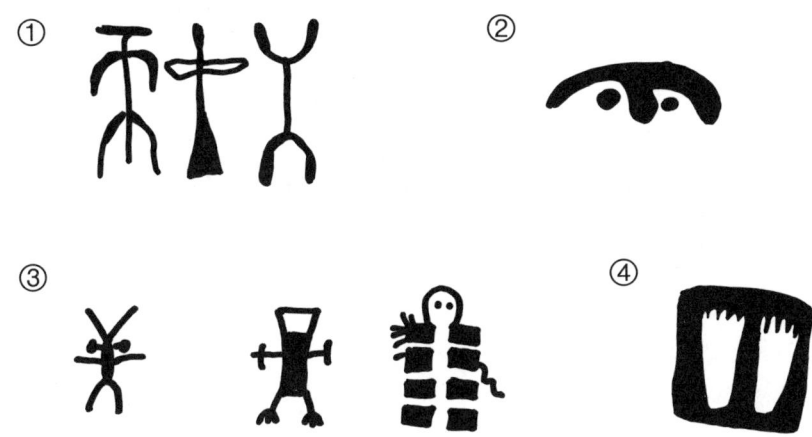

1. Runenartig vereinfachte Menschengestalten (nach dem Ende der Eiszeit, um 9000 v. Chr.)
2. Teile eines unheimlich wirkenden Gesichts (Augen, Augenbrauen und Nase), wie sie in den Großsteinbauten der Megalithkultur häufig auftauchten (um 2500 v. Chr.). Vielleicht handelte es sich um Bilder eines höheren Wesens.
3. Menschengestaltige, wohl übernatürliche Wesen auf Felsmalereien aus dem Westen der USA. Die ältesten nordamerikanischen Felsbilder dürften wohl 2000 Jahre alt sein; die meisten stammen jedoch wahrscheinlich aus den letzten zwei Jahrhunderten.
4. Das Symbol der Fußabdrücke (z. B. im Dolmen du Petit Mont, Morbihan, Britagne) findet man in vielen archaischen Kulturen; vielleicht war es einfach die „Visitenkarte" eines Menschen, der damit zum Ausdruck bringen wollte, dass er hier gewesen war. Es kann aber auch ein Symbol für die Präsenz eines übe natürlichen Wesens sein.

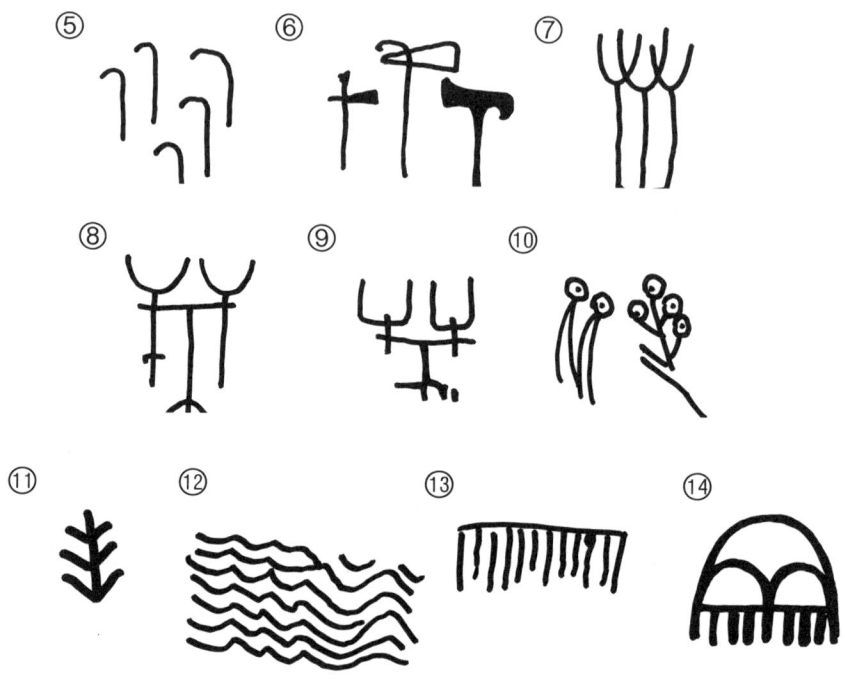

5. und 6. Bei den Darstellungen von Hirtenstäben (5) und Äxten (6) in Dolmen in der Bretagne kann es sich um einfache Werkzeuge, aber auch um Symbole priesterlicher Würde bzw. einer Gottheit gehandelt haben.

7.–9. Stilisierte Rinder wurden in den jungsteinzeitlichen Großsteinbauten (Megalithikum) und in den bronzezeitlichen Felsbildern des Monte Bego (Frankreich) immer wieder dargestellt, häufig als Rindergespanne vor Wagen oder Pflügen.

10. Stilisierte Pflanzenformen in den Felsritzbildern von Routing-Linn (Northuberland, England)

11. Ein universell verbreitetes, sehr einfaches Pflanzen- oder Baumsymbol

12. In bretonischen Großsteinbauten sind häufig Wellen- und Zickzackbänder zu finden – vermutlich Symbole für das Leben spendende Wasser (Flüsse oder bewässerte Felder), wie sie in ähnlicher Form in fast allen frühen Kulturen vorkamen, die von der Landwirtschaft abhängig waren.

13. Der so genannte „Kammstrich" ist ein universelles Symbol für den aus einer Wolke strömenden Regen.

14. Wolken mit Regen-Kammstrich in einem auch in Felsritzungen abgebildeten Clan-Symbol der Hopi-Indianer

Kreuz, Quadrat und Kreis: die ältesten geometrischen Formen

Quadrat, Kreuz und Kreis wurden in frühen Kulturen häufig als Symbole für die Erde verwendet: Kreuz und Quadrat deuten die vier Himmelsrichtungen an; der Kreis stellt den Horizont dar, so wie man ihn wahrnimmt, wenn man sich auf einer Ebene mit allseits freiem Blick um die eigene Achse dreht. Später – in der christlichen Kultur und auch in unserer heutigen Symbolsprache – wurde das Quadrat dann zum Sinnbild für die Erde und (im weiteren Sinn) für alles Umgrenzte, Endliche, während der Kreis zum Symbol für den Himmel bzw. das Unendliche, die Ewigkeit wurde.

Häufig fungierte der Kreis auch als magische Figur, beispielsweise als Bannkreis zum Schutz gegen Dämonen und andere feindliche Kräfte. Viele Steinzeitvölker schufen so genannte Steinkreise: kreisförmige Steinsetzungen wie beispielsweise die Anlage von Stonehenge (Südengland), die wohl zur Beobachtung des Laufs von Sonne und Mond und als Kultstätten dienten.

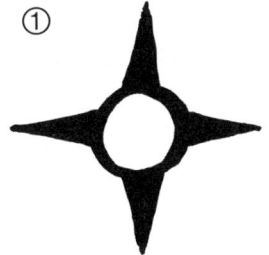 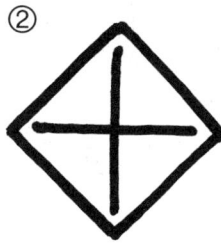

1. Ehrenzeichen der Omaha-Indianer: ein Ring, der den Horizont symbolisiert; davon ausgehend vier Striche als Symbol für die vier Himmelsrichtungen, die vier Winde, die vier Jahreszeiten und die vier Elemente
2. Ähnliches Erdsymbol im Zentrum des Ehrenzeichens der Osage-Indianer

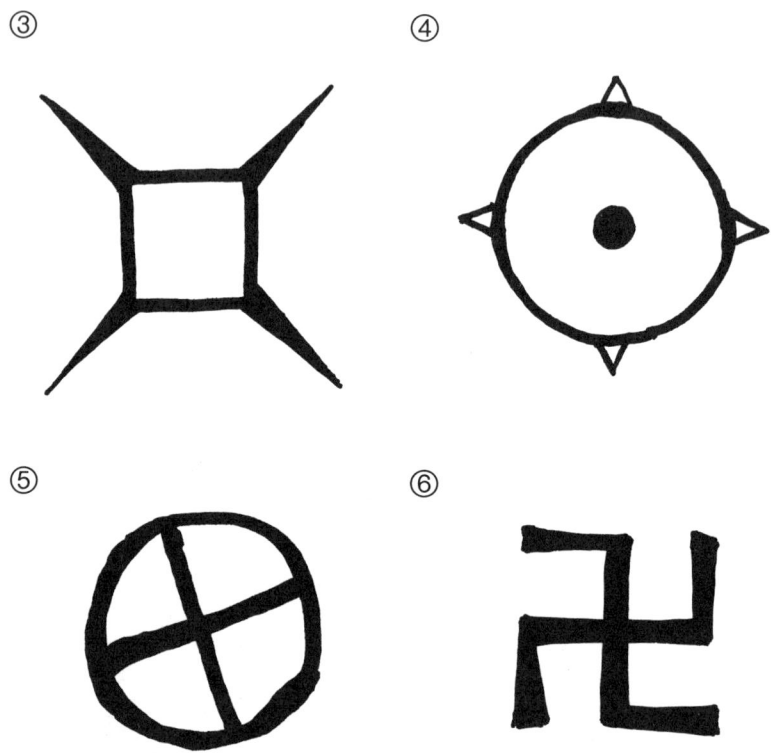

3. Zeichen der Lenape-Algonkin-Indianer: ein Symbol für die vierzipfelige Erde, die bei einigen Indianerstämmen gleichzeitig auch für das erste existierende Wesen – die oberste Gottheit – stand.

4. Heiliges Symbol der Sioux als Sinnbild der Erde und der vier Winde

5. Neben dem Kreuzzeichen, das die vier Himmelsrichtungen symbolisierte, kam auch das in einen Kreis eingezeichnete Kreuz in vorgeschichtlichen Kulturen häufig vor. Es ist ein Symbol der Sonne und wird daher als „Sonnenrad" bezeichnet.

6. Das Swastikakreuz (Hakenkreuz) ist ebenfalls ein uraltes Symbol, das in vielen verschiedenen Kulturen auftaucht und unterschiedliche Bedeutungen hat – unter anderem diente es als Sonnen- und als Glückssymbol. Seine politische Bedeutung erhielt es erst viel später.

Eine Form – viele Bedeutungen: das Dreieck

In vielen Kulturen ist das mit der Spitze nach unten zeigende Dreieck ein Symbol für das weibliche Geschlechtsteil und – im weiteren Sinn – für den Mutterschoß, die Fruchtbarkeit, das Weibliche und das diesem zugeordnete Element des Wassers. Das mit der Spitze nach oben zeigende Dreieck hingegen symbolisiert Männlichkeit, Zeugungskraft und das Element des Feuers. Später wurde das Dreieck dann zum Licht- und Erleuchtungssymbol.

1. und 2. Indianische Ritzbilder aus dem Amazonasgebiet, die das weibliche Geschlechtsteil in Vorderansicht darstellen. Solche Ritzbilder sind weltweit verbreitet.
3. Dreieck mit der Spitze nach unten: Symbol für Weiblichkeit, Gebärkraft, Mutterschoß und das Wasser-Element
4. Dreieck mit der Spitze nach oben: Symbol für Männlichkeit, Zeugungskraft und Feuer-Element

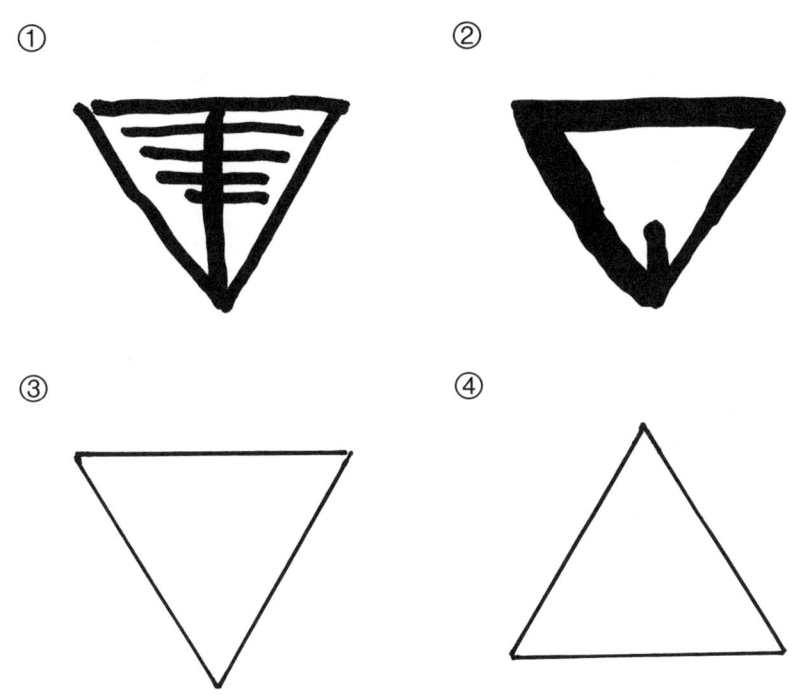

Sinnbilder des Lebens: Labyrinth und Spirale

Ebenso allgegenwärtig wie Kreis und Quadrat, Dreieck und Kreuz ist das Motiv der Spirale, das schon in prähistorischer Zeit auf Felsbildern und Megalithbauten, im alten Ägypten in Grabmalereien und auf Skarabäen vorkommt und auch bei den nordamerikanischen Indianern eine wichtige Rolle spielt.

Auch dieses Symbol hat verschiedene Bedeutungen und lässt sich nicht immer eindeutig interpretieren. Oft stellt es vermutlich zyklische Bewegungen von Himmelskörpern (Sonne, Mond) dar. In frühen Mittelmeerkulturen sind Spiralen in der Genitalgegend weiblicher Statuetten abgebildet – wahrscheinlich als Symbole des sich entfaltenden, werdenden Lebens. Im weiteren Sinn kann die Spirale auch ein Symbol für den Lebens- und Entwicklungsweg des Menschen, für Werden und Vergehen sein – wobei die von innen nach außen gerichtete Spiralbewegung als Symbol für die Entwicklung des Kindes zum Erwachsenen, die von außen nach innen sich einrollende Spirale hingegen als Sinnbild für Alter, Vergänglichkeit und Tod gedeutet werden kann. Bezeichnenderweise finden sich schon in den frühesten Spiraldarstellungen – zum Beispiel in den Megalithkulturen auf Malta und Gozo, in Irland und auf Kreta – stets beide Drehrichtungen, die einander oft gegenübergestellt werden. Daneben findet sich auch immer wieder das Motiv der Doppelspirale, die beide Richtungen in sich vereint.

Die „Trojaburgen" – spiralförmige Steinsetzungen in Nord- und Westeuropa (zum Beispiel bei Wisby auf der schwedischen Insel Gotland) – dienten als Kultstätten. Es gab auch kultische Gruppentänze – so genannte „Frühlingstänze", die die Wiederkehr des Lebens feierten – in Form sich ein- und ausrollender Spiralen, beispielsweise in der mykenischen Epoche auf Kreta. Die auf den Tanzplätzen eingezeichneten Spiralmuster erinnern heute noch daran. Einen ähnlichen Brauch gab es bei den Pueblo-Indianern in Nordamerika, die zu Neujahr von Gesängen begleitete Spiraltänze aufführten.

Doppelspirale: megalithische Felszeichnung in einer Grotte auf der Kanarischen Insel La Palma

Ein der Spirale verwandtes, aber wesentlich kompexeres Motiv ist das Labyrinth, ein irreführendes Wegesystem, von dem nur ein einziger Weg ins Zentrum führt. Auch dieses Motiv ist schon in ur- und frühgeschichtlicher Zeit belegt; man findet es auf Felsbildern, auf mykenischen Siegelabdrucken, kretischen Münzen, auf altägyptischen Amulettbruckstücken und etruskischen Vasenbildern, aber auch in der Volkskunst exotischer Völker. Nach einer griechischen Sage wurde der Minotaurus, ein Ungeheuer mit Menschenkörper und Stierkopf, von König Minos in einem Labyrinth in Knossos auf Kreta eingesperrt gehalten und von Theseus besiegt und getötet. In Kirchen kam das Labyrinth seit dem frühesten Christentum als Bodenmosaik vor.

Dementsprechend vielfältig sind seine Deutungsmöglichkeiten: So wurde das Labyrinthmotiv als Darstellung des Sonnenlaufs, des werdenden Lebens in der Gebärmutter, aber auch als Symbol der menschlichen Existenz mit all ihren Schwierigkeiten, Irrwegen und Verwicklungen interpretiert. In den christlichen Bodenmosaiken steht das Zentrum des Labyrinths (zu dem man den Weg finden soll) für die Kirche, dem Himmel oder das himmlische Jerusalem.

Altägyptisches labyrinthähnliches
Amulett

Achteckiges Labyrinth in der
Kathedrale von Amiens.

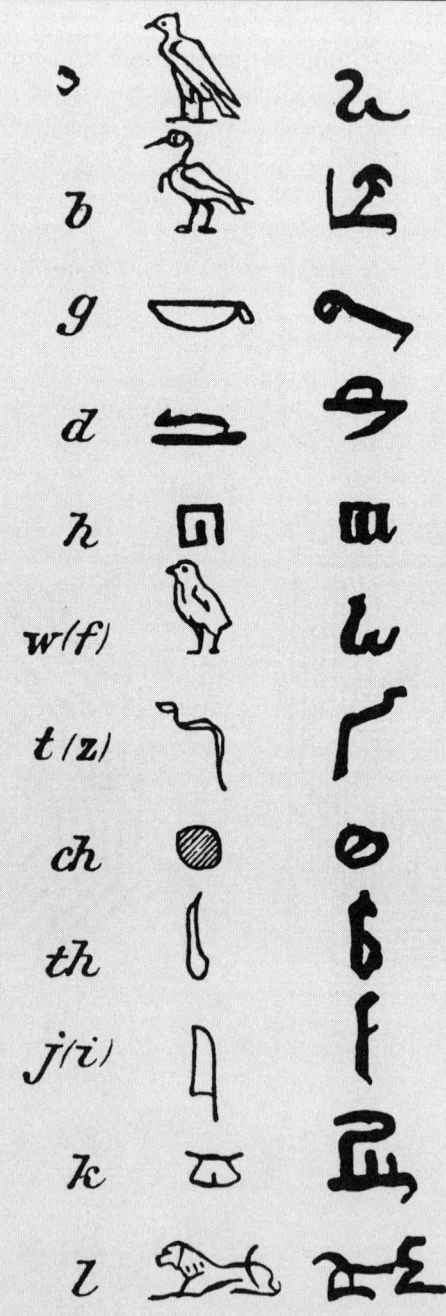

Alte und neue Schriften

Olmekische Bilderschrift

Die mittelamerikanische Hochkultur der Olmeken, die als die älteste uns bekannte Kultur gilt und um 1200 v. Chr. ihren Anfang nahm, hat eine für den Beginn der schriftlichen Kommunikation charakteristische Bildsprache hervorgebracht.

Die Symbolzeichen wurden uns auf den Felsen von Chalcacingo überliefert. Anderes Material ist uns nicht erhalten geblieben. Auf dem Felsstock fand man ein Symbol für eine Regenwolke, unter der ein Pflanzenkeim zu erkennen ist (Abb. 1). Das Symbol in Abb. 2 stellt einen liegenden Mann dar, der eine Tiermaske trägt. Die Zeichen waren sehr plakativ und bedürfen heute natürlich der Interpretation. Oft geht man dabei so vor, dass man ähnliche Zeichen miteinander vergleicht und so zu einem wahrscheinlichen Resultat gelangt. Abb. 3 steht für ein Feld. Eindeutig ist dagegegn die Bedeutung des Symbols, das eine menschliche Hand darstellt (Abb. 4). Abb. 5 stellt vermutlich einen Menschen dar, wohl einen Krieger. Man nimmt dies deshalb an, weil der Zeichner dem Mann Hörner aufgesetzt hat, und Hörner dienen dem Tier als Waffe im Kampf. In Abb. 6 erkennt man ein drachenähnliches Untier, vielleicht sogar ein feindliches Tier, das es damals tatsächlich gab.

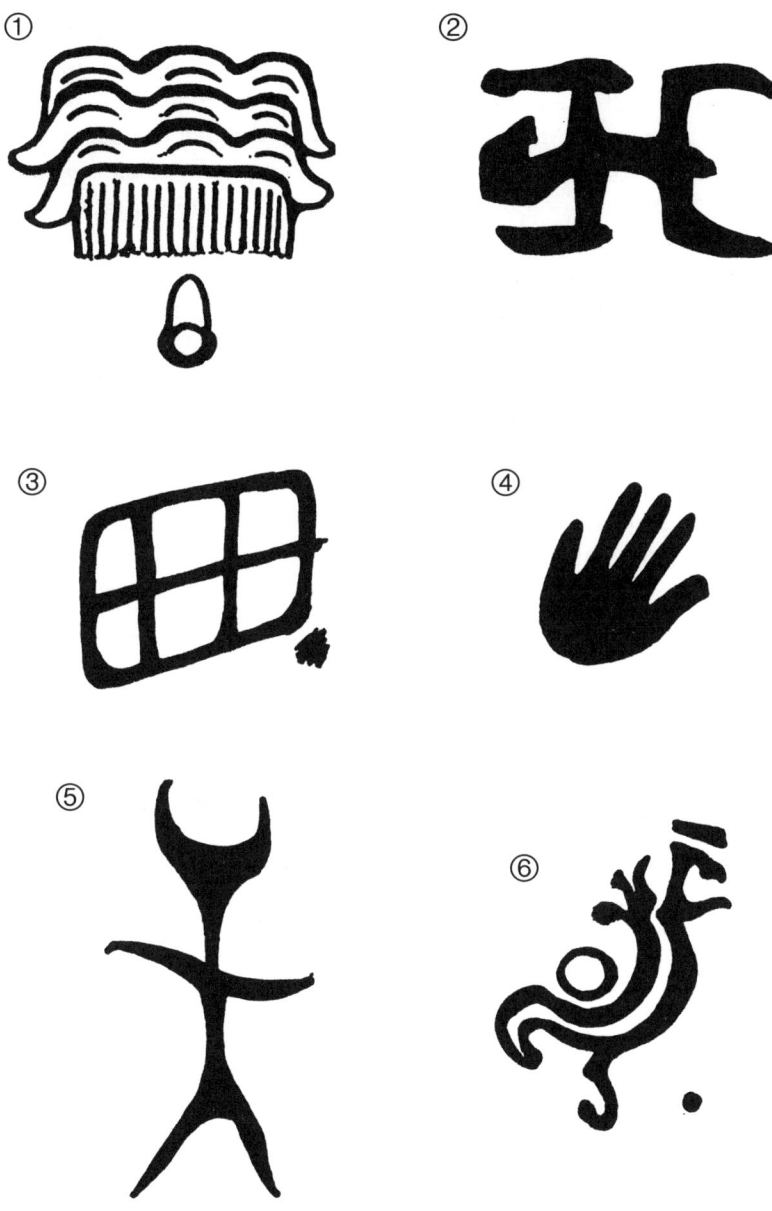

Die Bilderschrift der Maya

Die Kultur der Maya erlebte ihren Höhepunkt um 700 n. Chr. An der Entwicklung der Symbole lässt sich ablesen, wie sich die Darstellung im Lauf
der Zeit verfeinerte und damit die Qualität der Kommunikation sich
wesentlich verbesserte, analog zur Höherentwicklung der Kultur. Trotzdem
blieb die Schrift der Maya immer noch gegenständlich, auch wenn in der
Spätzeit die Signaturen sehr detailliert, beinahe »barock« ausgestaltet worden sind. Deutlich erkennt man einerseits die Bildersprache des Pikto-
gramms, andererseits bereits phonetische Elemente, die die bloße Bildersprache langsam überwinden.

Die Schrift der Maya wurde in Doppelspalten von links nach rechts und
von oben nach unten geschrieben und ebenso gelesen. Manche Symbole
verstehen auch wir auf Anhieb, beispielsweise jenes, das einen Mann zeigt,
aus dessen Mund ein Hauch aufsteigt; das will ausdrücken, dass der Mann
spricht oder gar singt. Dagegen sind andere Symbole nur im kulturellen
Kontext zu verstehen, der den damaligen Menschen natürlich allgegenwärtig war, so etwa die Darstellungen der Götter, die z. B. für Regen oder
Wind zuständig waren.

Sonne und   Sonnenfinsternis   Mond
Himmelsrichtungen

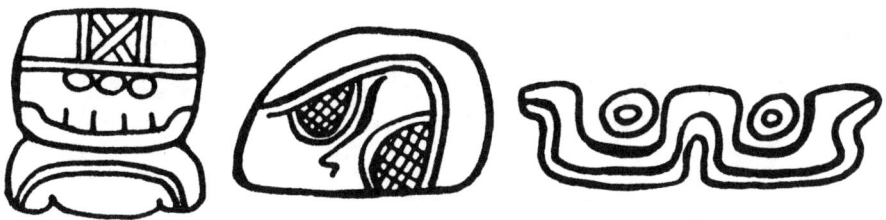

Himmel   Felder   Venus

   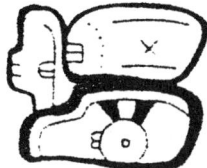   

Das leere Schnecken-   Last   Süden
gehäuse bedeutet »Null«.

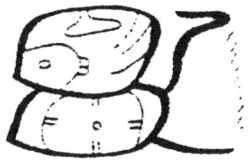   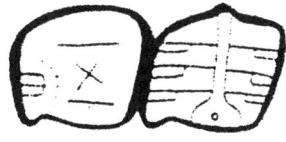   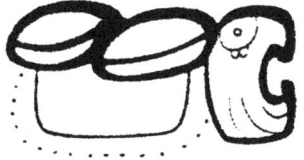

Westen   Truthahn   Geier

Tod

Der Kopf des Regen-
gottes Tlaloc bedeutet
Regen.

Der Hauch aus dem Mund
eines Menschen besagt, dass
dieser spricht oder singt.

Krokodilartiges Wesen

Die Darstellung des
Windgottes Quetzalcoatl
bedeutet so viel wie Wind.

Zwei zusammengebun-
dene Schilfhalme verwei-
sen auf ein Rohr.

Erdbeben

Blume

Messer oder
Feuerstein

Haus

Runen

Runen sind die Schriftzeichen, die seit der Zeit um Christi Geburt im Wohnraum der germanischen Stämme existierten und im frühen Mittelalter ihre Blütezeit erlebten, ehe sie dann später durch das lateinische Alphabet abgelöst wurden. Die Runen wurden in Holz, Knochen, Ton, Metall und Felswände eingeritzt. Die Runenmeister hielten ihre Schrift für göttlichen Ursprungs; als Schöpfer der Runen galt der Himmelsgott Odin. Jedes Schriftzeichen hatte einen symbolträchtigen Namen; so hieß die n-Rune beispielsweise »Naudiz« (Not), die j-Rune »jeran« (gutes Jahr).

Derzeit sind über 5000 Runeninschriften (hauptsächlich aus Skandinavien) bekannt; nicht alle lassen sich ohne Probleme lesen und entschlüsseln. Die älteste Runenreihe wird (nach den Lautwerten der ersten sechs Zeichen) als »Futhark« bezeichnet (das »th« ist eine einzige Rune). Man unterscheidet einen älteren Futhark mit 24 Zeichen (200–750 n. Chr.) und einen jüngeren Futhark mit 16 Zeichen aus der Wikingerzeit (ca. 800–1050 n. Chr.). Zu den Runeninschriften im älteren Futhark gehören Fibeln, Inschriften auf Waffen und Schmuckstücken und Inschriften auf Bautasteinen (skandinavischen Gedenksteinen); bei letzteren handelte es sich meist um Schutz- und Fluchformeln oder Totengedenkinschriften. Die meisten angelsächsischen Runeninschriften stammen aus der Zeit nach der Christianisierung (etwa ab 650 n. Chr.); die angelsächsische Kirche trug mit zur Verbreitung der Runenschrift bei.

Da das jüngere Futhark weniger Zeichen hatte als das ältere, stand jedes Runenzeichen für mehrere Laute: So repräsentierte die b-Rune beispielsweise die Laute b und p, die k-Rune stand für k, g und ng. Die im jüngeren Futhark gehaltenen wikingerzeitlichen Inschriften sind umfangreicher als die des älteren Futhark: In dieser Zeit entstanden große Mythen und dichterische Werke wie beispielsweise die Skaldendichtung (strophische Preis-, Schmäh- und Liebesgedichte, die häufig an Fürstenhöfen vorgetragen wurden).

Runenalphabet Futhark

f	u	th	a
r	k	g	w
h/ch	n	i	j
e	p		r (am Wortende)

s

t

b

e

m

l

ng

d

o

Die altägyptische Schrift

Unter Hieroglyphen versteht man im weitesten Sinn alle Schriftzeichen mit bildhaftem Charakter; im engeren Sinn ist damit die altägyptische Hieroglyphenschrift gemeint. Erste Wortzeichen gab es im alten Ägypten schon um 3000 v. Chr. Mit der Zeit entwickelte sich aus dieser reinen Bilderschrift dann die Hieroglyphenschrift, deren Bildzeichen nicht nur für die dargestellten Dinge standen, sondern auch für gleichlautende Wörter. Dabei wurden keine Vokale, sondern nur Konsonanten berücksichtigt. Natürlich waren diese Zeichen oft mehrdeutig. So hatte die hieroglyphische Buchstabenfolge m-n-h beispielsweise drei verschiedene Bedeutungen: Papyrusstaude, Jüngling und Wachs. Um klarzustellen, was gemeint war, fügte man so genannte Deutzeichen (Determinative) hinzu: beispielsweise das Deutzeichen für »Pflanze«, wenn man »Papyrus« meinte, und das Deutzeichen »Mann«, wenn der Jüngling gemeint war.

Später, als man die Schriftzeichen nicht mehr ausmeißelte, sondern mit einer Binse und Tinte auf Papyrus, Leder oder Scherben schrieb (eine Entwicklung, die Ende der 2. Dynastie begann), ging der Bildcharakter der ägyptischen Hieroglyphenschrift in zunehmendem Maße verloren. So entstand die hieratische Schrift und später die stark abgeschliffene demotische Schrift. Im 3. Jahrhundert n. Chr. wurde mit der Einführung des Christentums in Ägypten die ägyptische Schrift zugunsten des griechischen Alphabets aufgegeben.

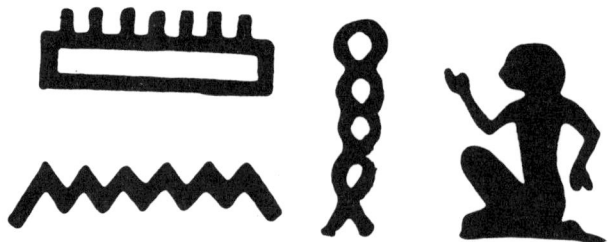

Die Konsonantenfolge m-n-h konnte drei verschiedene Bedeutungen haben: Papyrusstaude, Jüngling und Wachs. Um die Bedeutung klarzustellen, fügte man Deutzeichen hinzu – beispielsweise beim Wort „Jüngling" das Deutzeichen für Mann.

Laut	Hieroglyphe	Hieratisch	Laut	Hieroglyphe	Hieratisch

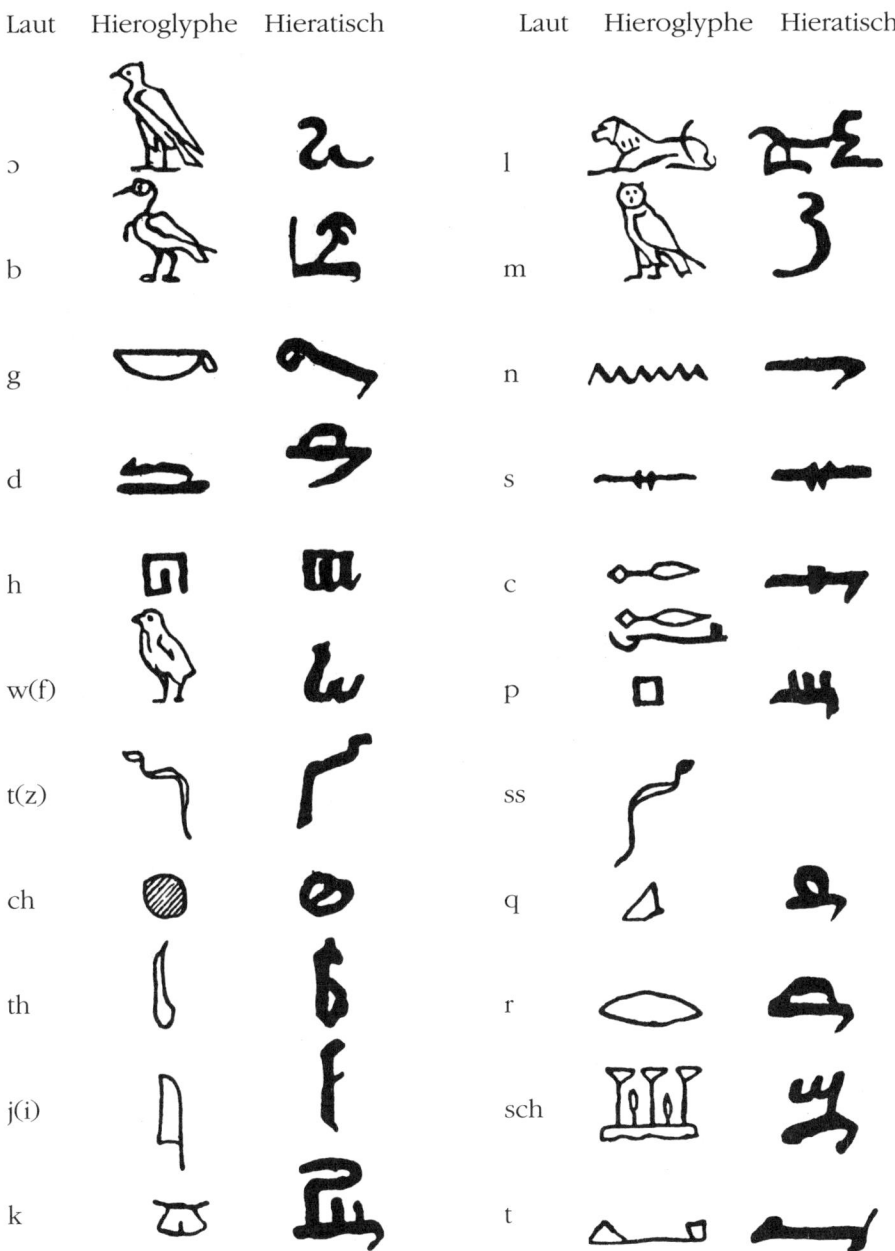

Die hebräische Schrift

Die hebräische Schrift, die in der hebräischen und jiddischen Literatur
verwendet wird, ist aus der aramäischen Schrift entstanden, die die Juden
nach der Babylonischen Gefangenschaft zusammen mit der aramäischen
Sprache übernahmen. Sie wird von rechts nach links geschrieben und
bestand ursprünglich nur aus 22 Konsonantenzeichen. Für die Vokale gab
es keine Zeichen, was zu erheblichen Leseschwierigkeiten führte. Daher
begann man seit dem 5. Jahrhundert n. Chr., die Aussprache der Vokale
durch so genannte diakritische Zeichen anzuzeigen: Punkte und kleine
Striche, die erst oberhalb, später unterhalb oder auch innerhalb der Konsonantenzeichen angebracht wurden.

Die Entwicklung dieses Vokalsystems erstreckte sich über mehrere Jahrhunderte. Es entstanden verschiedene Punktationssysteme, unter denen
sich schließlich das so genannte Tiberiensische System durchsetzte, das um
900 n. Chr. unter anderem von der Gelehrtenfamilie Ben Ascher in Tiberias
entwickelt worden war. Dieses System wird heute noch für moderne Bibel-
ausgaben verwendet.

Die Tiberiensische Vokalschreibung wurde hauptsächlich für Bibeln,
Gebetbücher, Kinderliteratur und Sprachlehrbücher verwendet – also vor
allem dort, wo es ganz besonders auf eine korrekte Lesung ankam und
nach Möglichkeit keine Verständnisschwierigkeiten auftreten durften.
Daneben gab es jedoch auch noch andere Varianten, in denen bestimmte
Konsonanten gleichzeitig auch für die Schreibung von Vokalen verwendet
wurden: So diente der Konsonant »Waw« vielfach auch zur Schreibung der
Vokale o und u; die Vokale e und i wurden häufig durch den Konsonanten
»Jod« wiedergegeben. Feste Regeln gab es allerdings nicht.

Erst im Jahr 1968 beschloss die israelische Sprachakademie, diesem
etwas chaotischen Zustand ein Ende zu machen, und es wurden Vor-
schläge für verbindliche Regeln aufgestellt. In dieser Schreibung wird der
Vokal a nur am Wortende und der Vokal e nur in seltenen Fällen angezeigt,
sodass für manche geschriebene Wörter mehrere verschiedene Lesungen
möglich sind. Doch in der Regel geht aus dem Satzzusammenhang hervor,
welches Wort gemeint ist, sodass geübte Leser keine Schwierigkeiten damit
haben.

א Aleph	ב ב Bet	ג Gimel	ד Dalet
ה He	ו Waw	ז Zajin	ח Chet
ט Tet	י Jod	ך כ Kaf	ל Lamed
ם מ Mem	ן נ Nin	ס Samech	ע Ajin
ף פ Pe	ץ צ Zade	ק Kof	ר Resch
שׂ Sin	שׁ Schin	ת Taw	

Das griechische Alphabet

Das Uralphabet, das die Griechen gegen Ende des 11. Jahrhunderts v. Chr. von den Phönikern übernahmen, umfasste nur 22 Buchstaben und besaß keine Zeichen für Vokale, sondern nur für Konsonanten. Dieses Alphabet veränderten und ergänzten die Griechen so, dass es nun auch fünf Vokalzeichen enthielt: Sie funktionierten die phönikischen Konsonantenzeichen, die sie nicht brauchten, einfach zu Vokalzeichen um. So entstanden die fünf Vokal-Buchstaben Aleph (a), He (e), Jod (i), Ain (o) und Waw (u).

Mit der Zeit bildeten sich zahlreiche verschiedene lokale Varianten dieses Alphabets heraus. Das heutige griechische Alphabet ist aus dem ionischen Alphabet entstanden, das im Jahr 403 v. Chr. amtlich in Athen eingeführt wurde und sich bald im gesamten griechischen Sprachraum durchsetzte. Ursprünglich gab es im ionischen Alphabet nur Großbuchstaben; später (seit der zweiten Hälfte des 8. Jahrhunderts n. Chr.) entwickelte sich dann die Minuskelschrift, aus der die kleinen Buchstaben entstanden und auf die die heutigen neugriechischen Druckbuchstaben zurückgehen.

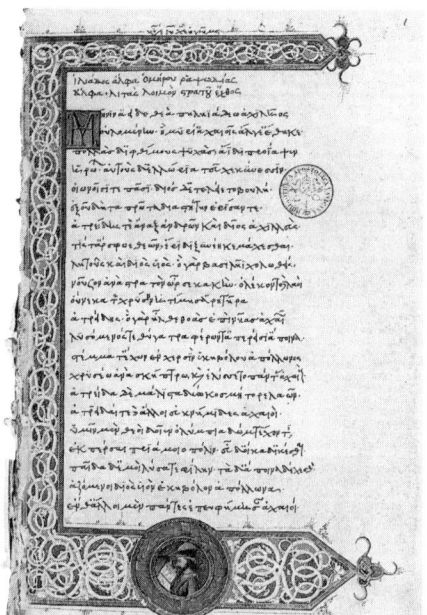

Überlieferung griechischer Schriftsprache: Der Beginn der berühmten „Ilias" von Homer in einer verzierten Handschrift aus dem 15. Jahrhundert, Rom, Vatikanische Bibliothek.

Α α Alpha	Β β Beta	Γ γ Gamma	Δ δ Delta
Ε ε Epsilon	Ζ ζ Zeta	Η η Eta	Θ θ Theta
Ι ι Iota	Κ κ Kappa	Λ λ Lambda	Μ μ My
Ν ν Ny	Ξ ξ Xi	Ο ο σ Omikron	
Π π Pi	Ρ ρ Rho	Σ ς Sigma	Τ τ Tau
Υ υ Ypsilon	Φ φ Phi	Χ χ Chi	Ψ ψ Psi
Ω ω Omega			

Die kyrillische Schrift

Die kyrillische Schrift wurde nach dem griechischen Slawenapostel Kyrillos benannt, obwohl sie gar nicht auf diesen zurückgeht. Kyrillos hatte vom byzantinischen Kaiser Michael III. im Jahr 863 zusammen mit seinem Bruder Methodios den Auftrag zur Mission im Großmährischen Reich erhalten. Die beiden Brüder hatten die hierfür erforderlichen liturgischen Texte übersetzt und im Rahmen dieser Tätigkeit ihren südslawischen Heimatdialekt zur Schriftsprache ausgestaltet. Aus dieser Schriftsprache entwickelte sich später das so genannte Kirchenslawisch, das bis zum 18./19. Jahrhundert die Sprache der kirchlichen und weltlichen Literatur der orthodoxen Slawen blieb und dann, als die modernen slawischen Nationalsprachen entstanden, in den kirchlichen Bereich zurückgedrängt wurde.

Das Alphabet, das die beiden Brüder für die von ihnen geschaffene Schriftsprache entwickelt hatten, hieß Glagoliza. Diese Glagoliza wurde ab dem 10. Jahrhundert n. Chr. von einem anderen Alphabet, der Kyrilliza oder kyrillischen Schrift, verdrängt. Die kyrillische Schrift entspricht der alten griechischen Majuskelschrift, wurde jedoch durch Zeichen für verschiedene slawische Laute ergänzt, die man der Glagoliza entnahm.

Im Rahmen der Christianisierung Russlands Ende des 10. Jahrhunderts übernahmen die Russen die Kyrilliza aus Byzanz und Bulgarien und entwickelten sie weiter. Dieses Alphabet dient (durch mehrere Formen verändert) bis heute als russische Schrift.

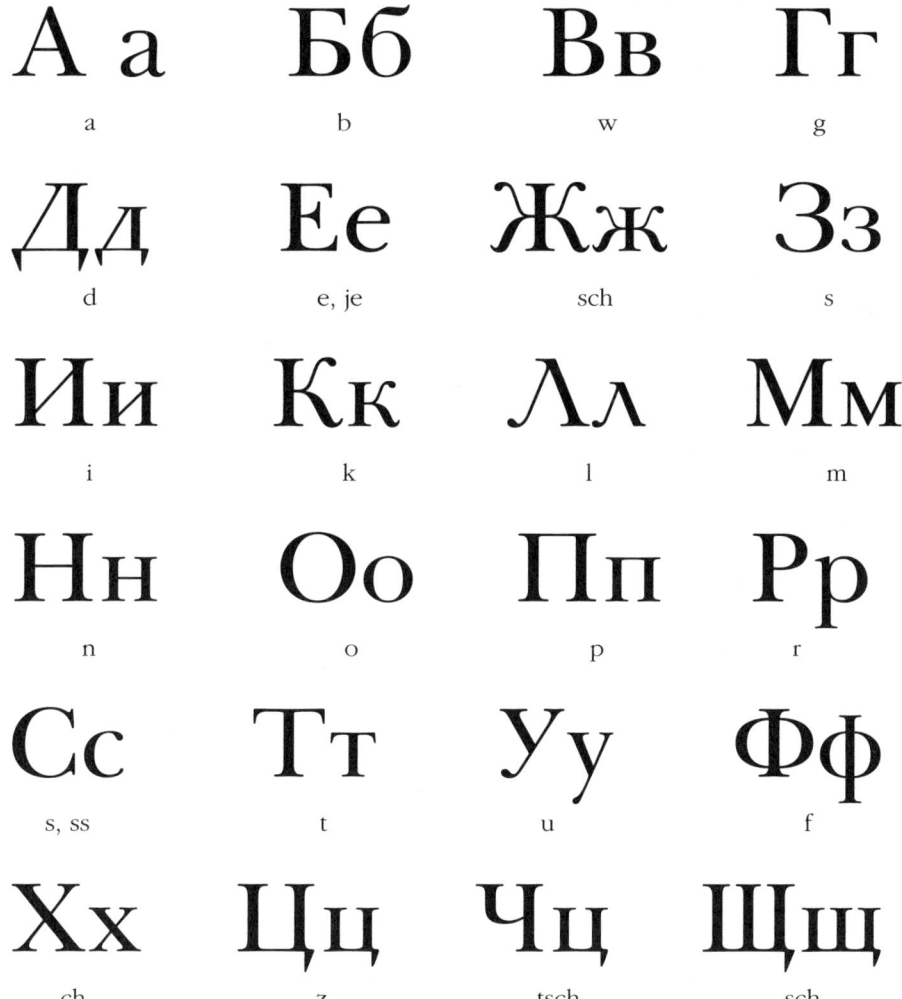

А а a	**Б б** b	**В в** w	**Г г** g
Д д d	**Е е** e, je	**Ж ж** sch	**З з** s
И и i	**К к** k	**Л л** l	**М м** m
Н н n	**О о** o	**П п** p	**Р р** r
С с s, ss	**Т т** t	**У у** u	**Ф ф** f
Х х ch	**Ц ц** z	**Ч ч** tsch	**Щ щ** sch

Die arabische Schrift

Die arabische Schrift entwickelte sich ab dem 3./4. Jahrhundert n. Chr. aus der nabatäischen Schrift, die ihrerseits auf die altsemitische Konsonantenschrift zurückgeht.

Im 7. Jahrhundert n. Chr. bildeten sich zwei verschiedene Formen der arabischen Schrift heraus. Die Kufi-Schrift, die schon vor Mohammeds Geburt in der Stadt Kufa am Euphrat geschrieben wurde, entstand in Steinmetzen- und Bildhauerwerkstätten (was an ihren charakteristischen eckigen Formen zu erkennen ist) und wurde später auch für Urkunden und Koranhandschriften verwendet. Diese Schrift ist heute nicht mehr gebräuchlich; sie konnte sich nicht durchsetzen, weil sie sich wegen ihrer eckigen Formen nur langsam schreiben ließ. Daneben gab es noch eine runde Kursivschrift. Aus ihr entwickelte sich die Neschi-Schrift, die aufgrund ihrer runden, fließenden Formen wesentlich besser zum Schnellschreiben geeignet war. Diese Neschi-Schrift wird – zum Teil in abgewandelter Form – auch heute noch in der arabischen Welt verwendet.

Die Neschi-Schrift besteht aus 28 Konsonantenzeichen und wird von rechts nach links geschrieben. Dabei werden die einzelnen Zeichen zum Teil miteinander verbunden und verändern dadurch ihre Form. Für die Bezeichnung der langen Vokale a, i und u behilft man sich mit Konsonantenzeichen. Daneben gibt es auch noch besondere Vokalzeichen für die kurzen Vokale, die jedoch nur in manchen Fällen (beispielsweise im Koran und in dichterischen Werken) verwendet werden.

Dank ihrer Eleganz und Ästhetik verführte die Neschi-Schrift Kalligraphen dazu, ihre Schriften mit vielen Ornamenten und Schnörkeln zu versehen. Hier ein türkischer Lobgesang auf Allah in Form einer Barke.

Tha	Ta	Ba		Alif
Dhal	Dal	Cha	Ha	Djim
Sad	Schin	Sin	Saj	Ra
Ghain	Ain	Tsa	Ta	Dad
Mim	Lam	Kaf	Kaf	Fa
	Ja	Waw	Ha	Nun

Die gotische Schrift

Als gotische Schrift bezeichnet man die zwischen dem 4. und 15. Jahrhundert gebräuchlichen Schriftarten.

Auf der Grundlage der griechischen Unziale wurde diese Schrift für die Bibelübersetzung des westgotischen Bischofs Ulfila geschaffen. Vom Ende des 7. bis zum Ende des 11. Jahrhunderts wurde im christlichen Teil Spaniens die westgotische Schrift verwendet. Die Schrift wirkte vom Anfang ihrer Entwicklung an sehr monumental und streng und wurde deshalb gerne für liturgische Texte verwendet. Die erste Gutenbergbibel ist so auch in der gotischen Schrift gedruckt.

Das gotische Alphabet in der Gebetbuchschrift von 1513

Diese Übersicht zeigt am Beispiel des Buchstabens M, welcher Wandlungen die
gotische Schrift fähig war.

Chinesische und japanische Schriftzeichen

Die chinesische Schrift war ursprünglich eine reine Bilderschrift, die sich im zweiten Jahrtausend v. Chr. zur Wortschrift entwickelte. Auch heute noch ist die chinesische Schrift eine Wortschrift mit rund 50 000 Wortzeichen. Da das Erlernen dieser vielen Zeichen sehr schwierig und aufwändig ist, ist das Analphabetentum in China weit verbreitet. Früher wurde in senkrechten Zeilen von oben nach unten geschrieben; in den letzten Jahrzehnten hat sich unter europäischem Einfluss die Schreibung von links nach rechts durchgesetzt.

Viele Wortzeichen sind durch Verdoppelung, Verdreifachung oder Kombination verschiedener Wortzeichen entstanden: So ist das Wortzeichen für »überall« beispielsweise eine Verdoppelung des Zeichens für »Osten« (»zweimal Osten«), das Wortzeichen für »galoppieren« eine Verdreifachung des Zeichens für »Pferd« (»dreimal Pferd«). Das Wortzeichen für »Zwillinge« ist aus einer Verdoppelung des Wortzeichens für »Kind« entstanden. Das Schriftzeichen für »hochheben« ist eine Kombination der Zeichen für »Hände« und »Gefäß«; das Zeichen für »lügen« erhält man durch Kombination der Zeichen für »reden« und »Zauberer«. So entstanden zum Teil sehr komplexe Zeichen.

In Japan gab es ursprünglich gar keine Schrift. Erst durch Kontakte mit dem Festland lernten die Japaner in den ersten Jahrhunderten nach Christus die chinesische Schrift kennen und übernahmen sie, wobei sie sie den Eigenheiten ihrer Sprache anpassten. Die japanischen Schriftzeichen sind also modifizierte chinesische Schriftzeichen. Traditionell wird senkrecht von oben nach unten geschrieben, wobei die Zeilen von rechts nach links aneinandergereiht werden. In modernen Texten schreibt man inzwischen teilweise auch in Querzeilen von links nach rechts.

① ②

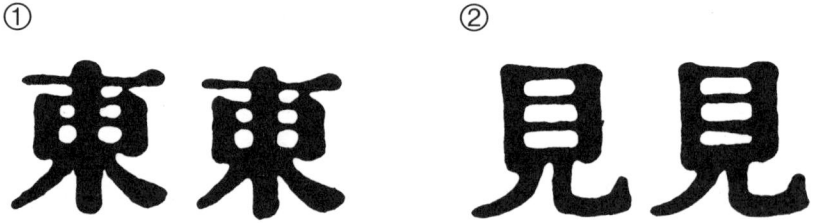

③

④

⑤

Beispiele chinesischer Wortzeichen

1. Das Wortzeichen für „überall" entstand durch Verdoppelung des Zeichens für „Osten".

2. Das Zeichen für „zusammen sehen" – eine Verdoppelung des Zeichens „sehen".

3. Das Wortzeichen für »galoppieren« ist durch dreimalige Aneinanderreihung des Zeichens für »Pferd« entstanden.

4. Die Kombination der Zeichen für »Sonne« und »Mond« ergibt das Wortzeichen »strahlend«.

5. Das Zeichen für »lügen« ist aus den Wortzeichen »Zauberer« und »reden« entstanden.

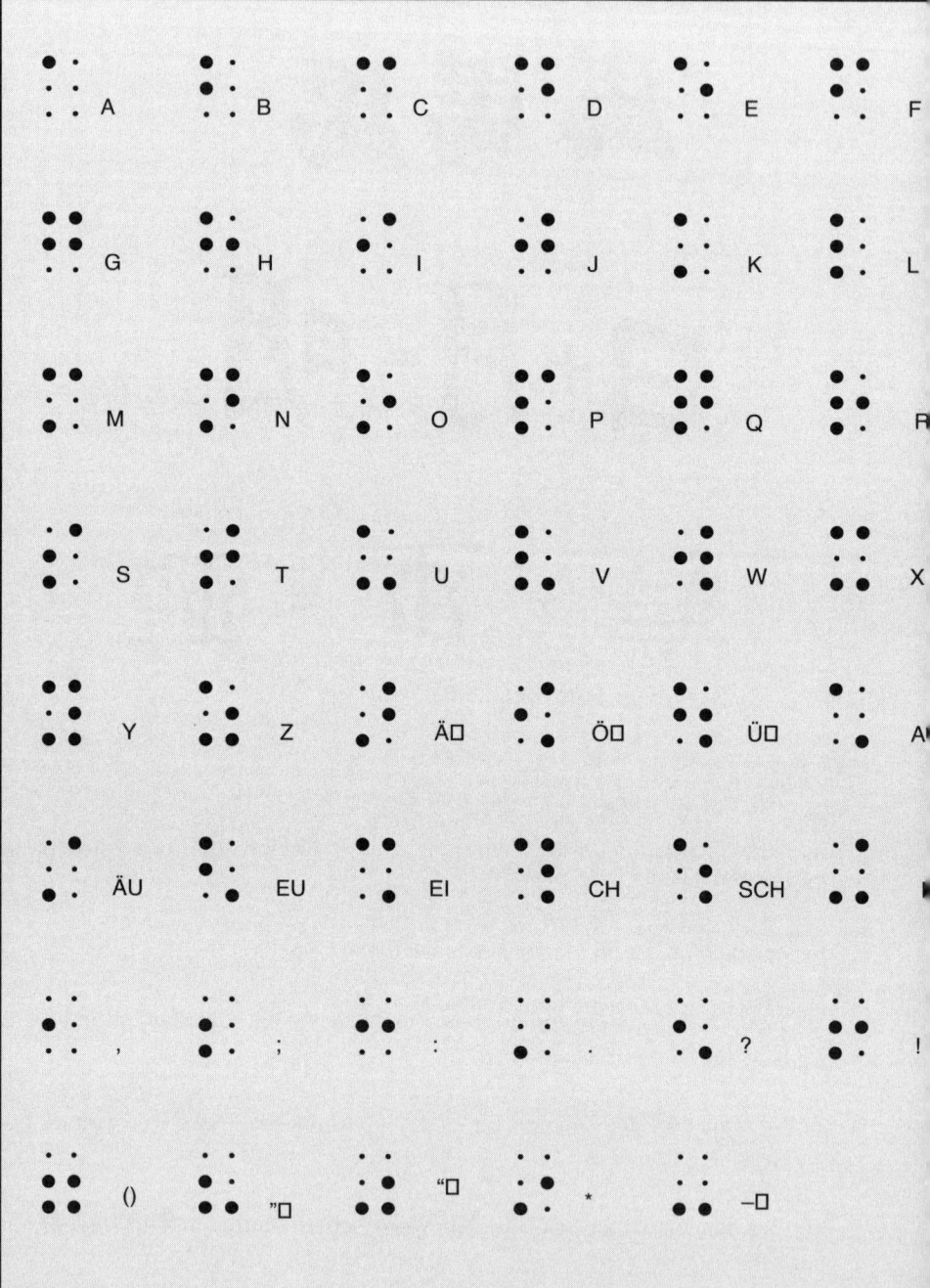

Sonderschriften

Die Schrift der Blinden

Die Blindenschrift ist eine tastbare Schrift, die auch blinden und stark seh-
behinderten Menschen das Lesen ermöglicht. Erste Blindenschriften gab es
schon vor Jahrhunderten; die heute gültige Blindenschrift ist jedoch das im
Jahr 1825 von dem französischen Blindenlehrer Louis Braille (1809–1852)
geschaffene System, das nach ihm auch als „Brailleschrift" bezeichnet wird.

Braille, der seit seinem dritten Lebensjahr blind war, entwickelte eine
Schrift aus Punkten in zwei verschiedenen Größen. Jeder Buchstabe, jedes
Satzzeichen und jede Ziffer besteht aus sechs Punkten, die in zwei senkrechten Dreierreihen angeordnet sind. Die Buchstaben, Zeichen und Ziffern unterscheiden sich jeweils in Anzahl und Reihenfolge der unterschiedlich großen Punkte. Man liest diese Blindenschrift normalerweise
durch Abtasten mit den Zeigefingerkuppen, und zwar von links nach
rechts. Mit ein wenig Übung kann ein Blinder beim Lesen dieser Schrift die
gleiche Geschwindigkeit erreichen wie ein Sehender beim Vorlesen eines
Textes in „normaler" Schrift.

Brailles System hat sich inzwischen weltweit durchgesetzt. Im Jahr 1829
erschien das erste Buch in seiner Blindenschrift; 1879 wurde die Brailleschrift in Deutschland eingeführt.

Texte in Blindenschrift werden meist gedruckt, indem man die Punkte
von unten her in festes Papier eindrückt, sodass sie als Erhebungen tastbar
werden. Zu diesem Zweck gibt es Blindendruckereien. Mittlerweile exis-
tieren auch eine Braille-Kurzschrift (Stenografie), eine Lautschrift für
Blinde, eine Blindennotenschrift und eine Schrift für Mathematik und Che-
mie.

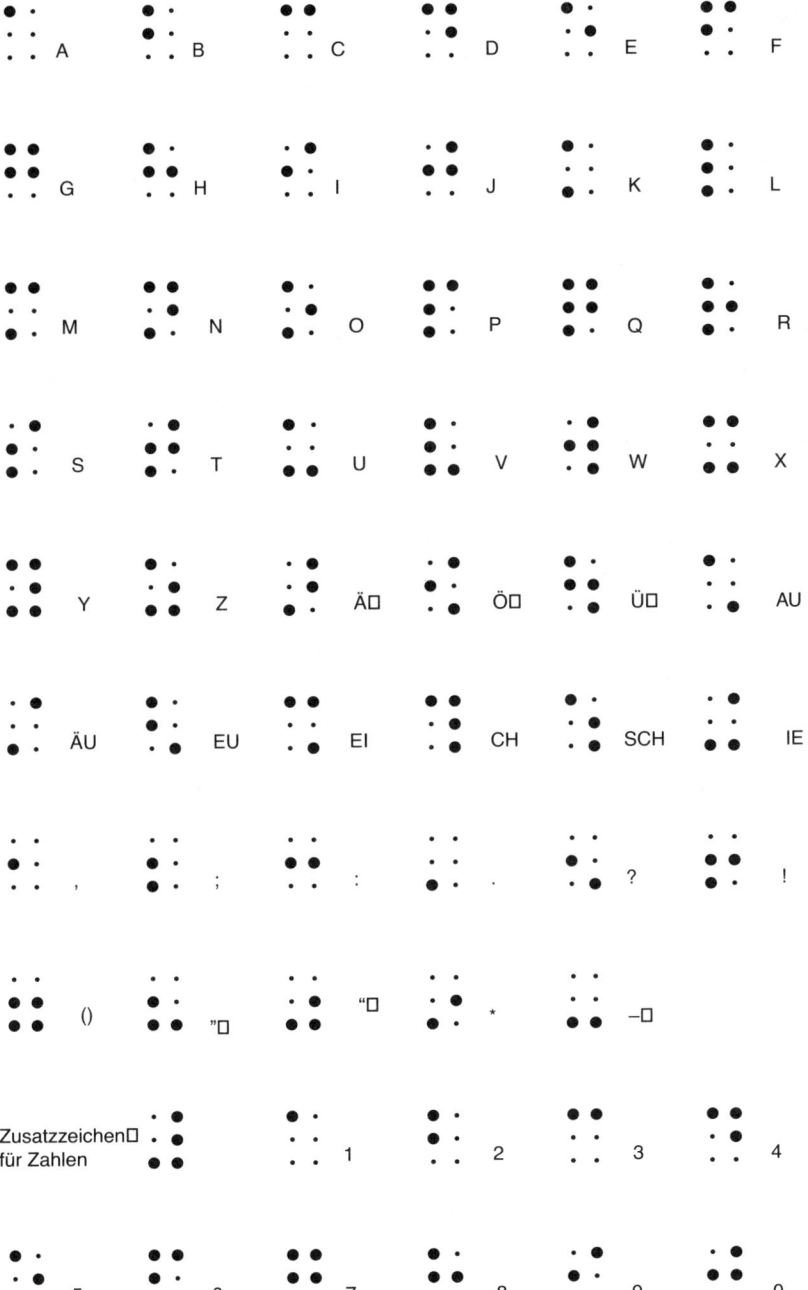

Geheimschriften

Geheimschriften wurden (und werden) immer dann benutzt, wenn ein Text aus bestimmten Gründen für Nicht-Eingeweihte unverständlich bleiben soll – beispielsweise im militärischen oder diplomatischen Bereich. Aber auch politisch verfolgte Gruppen und magisch-esoterische Vereinigungen entwickelten solche Schriften, um Informationen zu übermitteln, die nicht für jedermann bestimmt waren.

Erste einfache Geheimschriften gab es schon in der Antike; sie beruhten hauptsächlich auf der Vertauschung von Lautwerten des betreffenden Alphabets. Seit karolingischer Zeit wurden normale Buchstaben in Geheimschriften durch Symbolzeichen ersetzt. So verschlüsselten beispielsweise die von der Inquisition verfolgten französischen Katharer im Mittelalter ihr „Liber de duobus principiis", indem sie nicht nur Buchstaben gegeneinander vertauschten, sondern auch Ziffern mit Lautwert verwendeten.

Die Freimaurer – eine internationale Bruderschaft, die für Toleranz, freie Persönlichkeitsentfaltung, Hilfsbereitschaft, Brüderlichkeit und ein friedliches Zusammenleben aller Menschen eintrat und ihre internen Schriftstücke vor der Öffentlichkeit geheimhielt – entwickelten Geheimschriften in verschiedenen Sprachen, die noch bis ins 19. Jahrhundert hinein benutzt wurden.

Inzwischen gibt es zahlreiche verschiedene, zum Teil sehr komplizierte Methoden zur Verschlüsselung (Chiffrierung) von Informationen in Geheimschriften. Die Wissenschaft von der Chiffrierung von Texten (die heutzutage vielfach maschinell vorgenommen wird) bezeichnet man als Kryptographie, die Kunst der Entschlüsselung von Geheimschriften als Kryptoanalyse.

Abbildung auf der rechten Seite: Eine mittelalterliche Steinmetzen-Geheimschrift. Die Grabesinschrift im Wiener Stephansdom ließ sich leicht entschlüsseln, da die Einleitungsworte („Hic est sepultus..." – „Hier liegt begraben...") in einer solchen Inschrift zu erwarten waren. Damit wusste man schon, welche Buchstaben den ersten 14 Zeichen der Inschrift zuzuordnen waren, und konnte so auch den Rest ohne große Mühe dechiffrieren: „DENS(?) DUX RUDOLFUS FUNDATOR" = Herzog Rudolf IV., der Stifter des Stephansdoms. Das lateinische Wort „dens" (Zahn) ergibt hier keinen Sinn; es könnte sich um eine falsche Schreibung der Abkürzung „DNS" (für „dominus" = Herr) handeln.

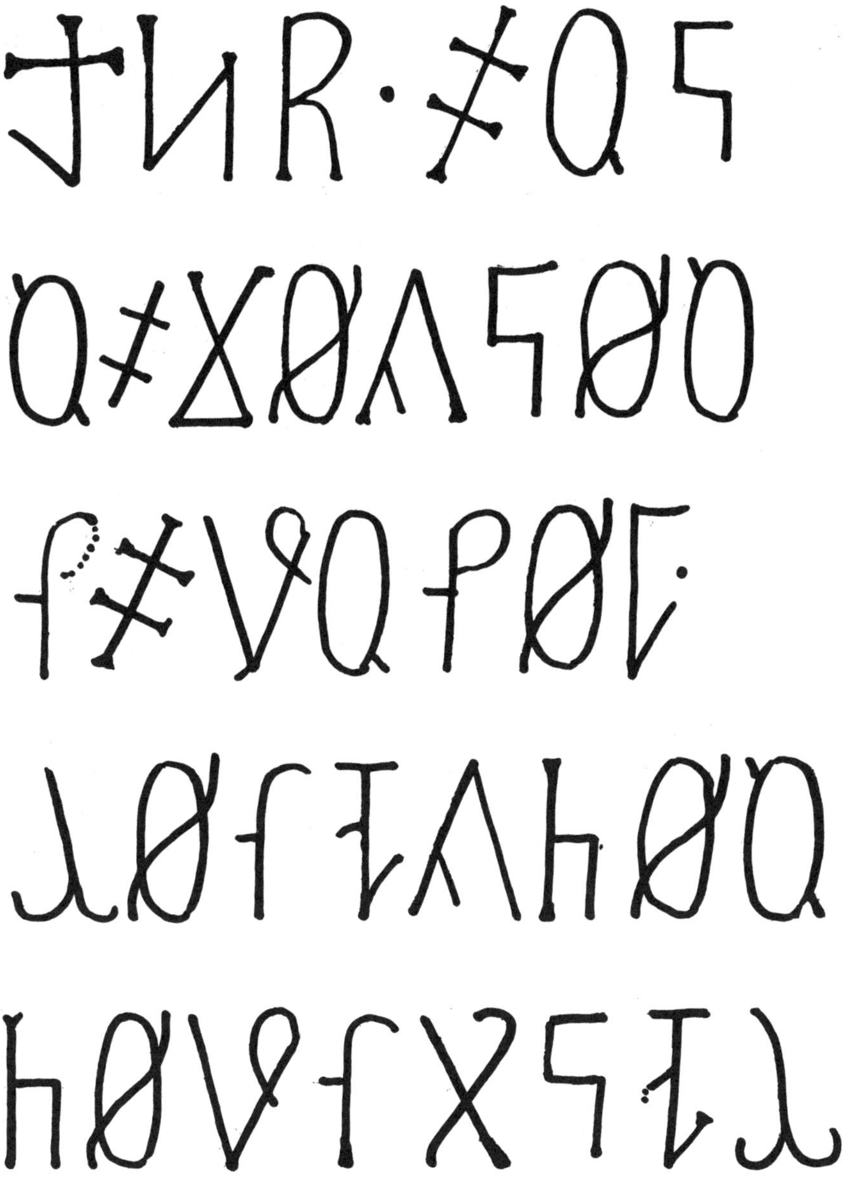

Diese Geheimschrift – das „Enochische" Alphabet – wurde von dem berühmten englischen Okkultisten Dr. John Dee (1527–1608) entwickelt. „Enoch" (der Name bedeutet „der Eingeweihte") war einer der zehn Urväter Israels. Diese Geheimschrift wurde auch in neuerer Zeit von einigen englischen okkultistischen Vereinigungen verwendet.

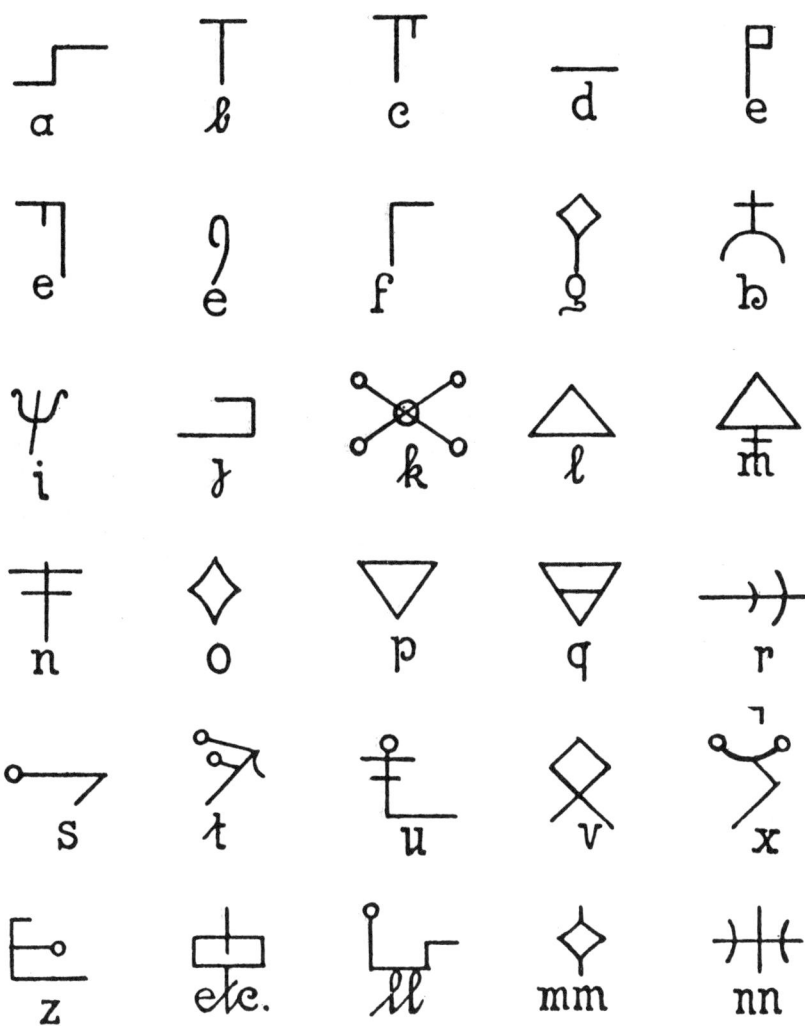

Auch manche freimaurerischen Vereinigungen benutzten geheime Alphabete.
Die hier abgebildete Geheimschrift stammt aus dem 18. Jahrhundert.

Gaunerzinken

Die Gaunerzinken – einfache graphische Symbole, durch die Vagabunden und Kriminelle sich miteinander verständigten – waren noch bis vor dem Ersten Weltkrieg in Gebrauch. Sie wurden an Zäunen, Hauseinfahrten, Wegweisern, Gefängnismauern etc. angebracht und enthielten Informationen, die man sich gegenseitig übermitteln wollte und die Außenstehende nicht verstehen durften. Das Pendant zu den Gaunerzinken in den USA sind die so genannten „hobo's marks" (Zinken der Landstreicher).

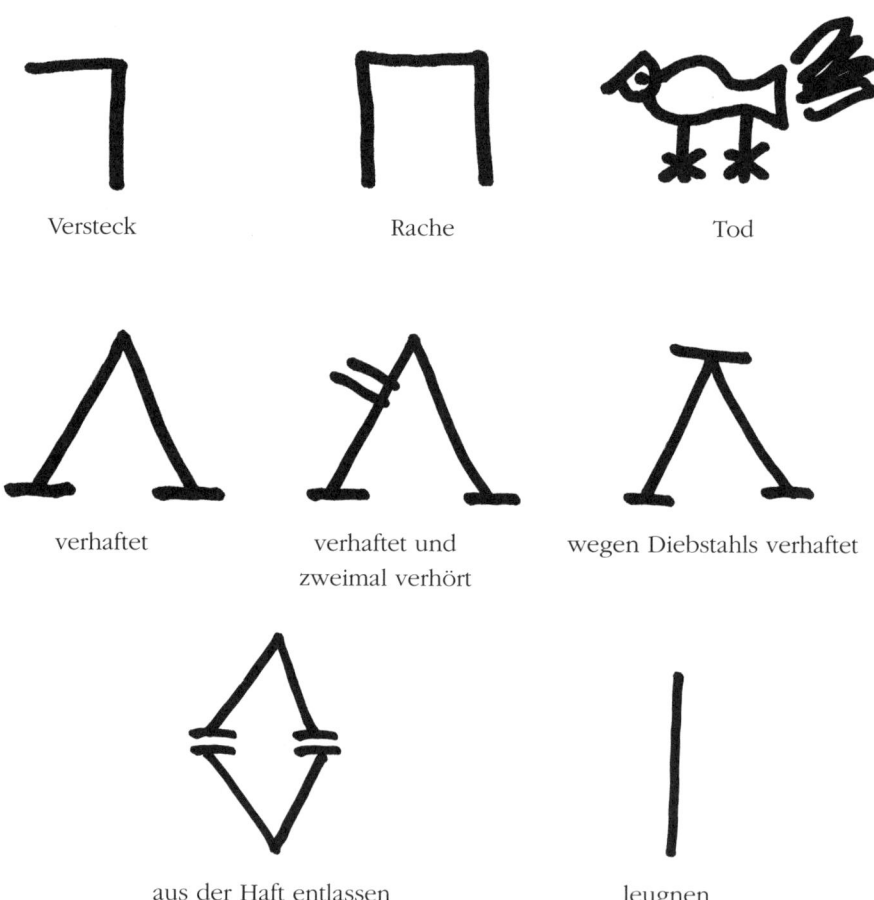

Versteck   Rache   Tod

verhaftet   verhaftet und   wegen Diebstahls verhaftet
                   zweimal verhört

aus der Haft entlassen   leugnen

gestehen   Todesstrafe (Galgen)

okay, in Ordnung   nichts (Null)   Wohlstand (Mensch mit
                                                 Servierbrett in der Hand)

Hund (scharfe Zähne)   Hier wirst du mit einer Schusswaffe bedroht
                          (Mensch mit erhobenen Armen)

Morsezeichen

Der Amerikaner Samuel Morse, der 1791 in Charleston (Massachussetts) geboren wurde und 1872 in der Nähe von New York starb, war eigentlich Maler und Bildhauer. In New York hatte er später sogar einen Lehrstuhl inne und arbeitete als Professor. Morse schuf bedeutende Porträts und romantische Landschaften.

Um 1840 wandte er sich plötzlich ganz von der Malerei ab und widmete sich einem, wie er meinte, weit zukunftsträchtigerem Projekt, das mit den schönen Künsten nichts gemeinsam hatte: nämlich der elektromagnetischen Übermittlung von Texten. Über Nacht wurde diese Entscheidung freilich nicht gefällt, denn bereits 1833 hatte Morse seinen elektromagnetischen Schreibtelegraphen erfunden und 1837 zum Patent angemeldet. Am 27. Mai 1844 übermittelte der Professor zwischen Washington und Baltimore mithilfe der ersten Telegrafenleitung das erste Telegramm der Welt. Die berühmte erste telegrafisch übermittelte Nachricht lautete: „What hath God wrought? – Was hat Gott gewirkt?"

Zu Beginn verwendete Morse noch eine Art Zickzackschrift auf einem Papierband, doch das war ihm zu kompliziert und zu störanfällig. Schließlich verfeinerte er seine Übertragungstechnik: Der Morsecode hatte das Licht der Welt erblickt.

Der Morsecode besteht aus einer Kombination von langen und kurzen Stromimpulsen, wobei das Längenverhältnis von kurzem Impuls zu langem Impuls 1:3 beträgt, das heißt, der lange Impuls dauert dreimal so lange wie der kurze Impuls. Optisch wird der Code durch ein System von Punkten und Strichen dargestellt. Alle dreißig Buchstaben (einschließlich CH und der Umlaute Ä, Ö, Ü) werden aus einer Kombination von bis zu 5 Punkten oder Strichen zusammengesetzt.

A	.-	J	.---	S	...
Ä	.-.-	K	-.-	T	-
B	-...	L	.-..	U	..-
C	-.-.	M	--	Ü	..--
D	-..	N	-.	V	...-
E	.	O	---	W	.--
F	..-.	Ö	---.	X	-..-
G	--.	P	.--.	Y	-.--
H	....	Q	--.-	Z	--..
I	..	R	.-.	CH	----

Alle zehn Zahlen bestehen aus fünf Punkten oder Strichen.

1	.----	5	.....	9	----.
2	..---	6	-....	0	-----
3	...--	7	--...		
4	....-	8	---..		

Satzzeichen sind immer sechselementig und werden daher aus zwei oder
drei gleichen Buchstaben zusammengesetzt.

Punkt (AAA)	.-.-.-	Fragezeichen (IMI)	..--..
Komma (MIM)	--..--	Doppelpunkt (OSO)	---...
Bindestriche (BA)	-....-	Klammer (KK)	-.--.-
Pluszeichen (AR)	.-.-.		

Für die Kommunikation während des Morsens gibt es noch spezielle
Codes:

Wort verstanden (E)	.
Wort nicht verstanden (T)	-
Kompletten Text verstanden (VE)	...-.
Kompletten Text nicht verstanden (IMI)	..--..
Ende der Übertragung (AR)	.-.-.
Warte (EB)	.-...
Signal ist schlecht (EF)	.-...-.
Unterbreche Übertragung (AB)	.--...
Fehler	....

Chinesische Symbole

Symbole in Kunst und Literatur

Die chinesische Kunst und Literatur ist viel stärker von Symbolen durch-
drungen als die westliche – wie überhaupt Symbole für die Chinesen eine
sehr wichtige Rolle spielen: Schließlich besteht auch ihre Schrift aus Bildzeichen. „Alle Malereien des Ostens sind sinnbildlich gemeint, und ihre
charakteristischen Themen wie Felsen, Gewässer, Wolken, Tiere, Bäume,
Gräser sagen nicht nur sich selbst, sondern noch ein weiteres aus: sie
bedeuten etwas. Es gibt im Osten schlechthin kein Ding der gesamten
Natur, der belebten und unbelebten, ja nahezu auch kein Artefakt, das
nicht zugleich Symbolwert hätte...“ so drückt der Illustrator, Graphiker und
Asienkenner Emil Preetorius es sehr treffend aus.

Gebildete Chinesen formulieren ihre Botschaften an andere Menschen
häufig nicht direkt, sondern kleiden sie in ein Bild oder Zitat; oder sie ver-
schenken einen Gegenstand, der mit einem symbolischen Bild verziert ist
(beispielsweise eine Vase oder eine bestickte Tasche). Auch die Abbildungen auf dem Geschenkpapier haben häufig eine symbolische Bedeutung.
Um den Sinn solcher Botschaften zu verstehen, muss man in der Lage sein,
ihre Symbolik zu entschlüsseln.

Viele chinesische Symbole ranken sich um die Sexualität; da die Chinesen in sexueller Hinsicht relativ prüde sind, wird alles Sexuelle in oft sehr
blumigen Bildern umschrieben. Außerdem gibt es zahlreiche Tier- und
Pflanzensymbole: Vielen Tieren und Pflanzen werden in China ganz
bestimmte Eigenschaften zugeschrieben.

An dieser Bildersprache fällt auf, dass es einige Dinge gibt, die im Denken der Chinesen eine besonders wichtige Rolle spielen und für die sie
daher sehr viele Symbole haben – beispielsweise der Wunsch nach einem
langen Leben, nach einer hohen sozialen Stellung, nach Reichtum und
nach Kindern. Letzterer ist daraus zu verstehen, dass die Söhne früher nach
dem Tod des Vaters die Familie versorgen mussten; viele Söhne zu haben,
war daher ein Segen. Auch die vielen Regeln, wie der eheliche Beischlaf
zu vollziehen sei, und die reiche Symbolik, die sich darum rankt, haben
etwas mit diesem Kinderwunsch zu tun.

Chinesische Symbole für Langlebigkeit

Kröte und Schildkröte

Da sie ein sehr hohes Alter erreichen, bieten Kröte und Schildkröte sich als Symbole für ein langes Leben an. Die Schildkröte steht außerdem für Unwandelbarkeit; deshalb stehen die Tafeln mit den Inschriften der alten Kaiser auf steinernen Schildkröten.

Kiefer

Die Kiefer wird in der chinesischen Kunst sehr häufig dargestellt. Sie symbolisiert Langlebigkeit und Beständigkeit, weil sie die kältesten Temperaturen überdauert und niemals ihre Nadeln verliert.

Stein und Felsen

Auf vielen Geschenken an ältere Menschen ist ein Stein oder Fels abgebildet; das bedeutet, dass man dieser Person ein langes Leben wünscht.

Berg

Bergkulte waren im alten China weit verbreitet. Wem es gelang, die neun Stufen des im Nordwesten Chinas gelegenen Weltenbergs K'un-lun hinaufzusteigen, dem war nach einer alten Vorstellung die Unsterblichkeit gewiss.

Kranich

Der Kranich symbolisiert nicht nur ein langes Leben, sondern auch Weisheit. Er wird oft zusammen mit anderen Sinnbildern der Langlebigkeit (Kiefer, Stein, Pfirsich, Schildkröte) dargestellt.

Pfirsich

Der Pfirsich ist in China eines der häufigsten Symbole für Unsterblichkeit, ein langes Leben und gleichzeitig auch für die Schönheit einer Frau: Die Gesichtsfarbe junger Mädchen wird mit Pfirsichblüten verglichen. Eine Pfirsichblüte kann aber auch eine leichtfertige Frau sein.

Chrysantheme

Die Chrysantheme ist die Blume des Herbstes. Außerdem ist sie ein Symbol der Dauer und des langen Lebens, weil ihr Name „chü" mit dem chinesischen Wort für „verweilen" identisch ist. Schenkt man jemandem ein Bild mit einer Chrysantheme und einer Kiefer (einem weiteren Symbol für Langlebigkeit), so ist damit gemeint, dass der Betreffende lange leben soll.

Symbole für Sexualität und weibliche Schönheit

Jade

Jade ist der beliebteste Edelstein der Chinesen. Da er sich stets glatt und kühl anfühlt, vergleicht man die Haut einer schönen Frau mit Jade. Darüber hinaus verknüpfen die Chinesen mit Jade eine Vielzahl an sexuellen Symbolen: „Mit Jade spielen" ist eine Umschreibung für Geschlechtsverkehr, „Jadeflüssigkeit" bezeichnet den männlichen Samen und das weibliche Scheidensekret, „Jadetür" oder „Jadewand" ist die Scheide der Frau, „Jadestengel" der Penis.

Aprikose und Magnolie

Aprikose und Magnolienblüte sind Symbole für eine schöne Frau; eine rote Aprikose steht für eine verheiratete Frau, die ein Verhältnis hat.

Pflaume

Da der Pflaumenbaum im Winter zu blühen beginnt, ist er ein Symbol für Winter und Unberührtheit, häufig auch für ein noch unberührtes junges Mädchen. Die Pflaumenblüte symbolisiert aber auch sexuelle Freuden; deshalb wird die Decke des Brautbetts als Pflaumenblütendecke bezeichnet.

Lilie

Einer Legende nach soll der letzte Kaiser der Ch'i-Dynastie angesichts der Schönheit einer seiner Frauen begeistert ausgerufen haben: „Jeder Schritt lässt eine Lilie erblühen." So entstand das geflügelte Wort von der „goldenen Lilie", die später zum Symbol für den durch Verkrüppelung künstlich verkleinerten Frauenfuß wurde. Das Schönheitsideal des Krüppelfußes setzte sich Ende der T'ang-Zeit (618–906) durch.

Orchidee

Die Orchidee steht für Liebe und Schönheit. „Orchideenzimmer" ist das Schlafzimmer oder das Zimmer eines jungen Mädchens; der Atem einer schönen Frau wird mit dem Duft einer Orchidee verglichen.

Symbole für Eheglück und Fruchtbarkeit

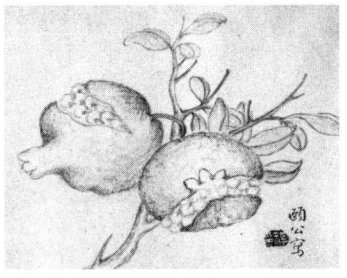

Granatapfel

Wegen seiner vielen Samen ist der Granatapfel in China ein Symbol der Fruchtbarkeit. Daher schenkt man Paaren auch häufig ein Bild eines halbgeöffneten Granatapfels zur Hochzeit.

Sonstige Symbole

Adler

Der Adler ist in China ein Symbol der Stärke. Ein Adler auf einem Felsen mitten im Meer symbolisiert einen allein kämpfenden Helden; ein Adler auf einer Kiefer bedeutet: Mögest du so stark sein wie ein Adler und so lange leben wie eine Kiefer.

Bambus

Der Bambus symbolisiert bei den Chinesen die Tugend der Bescheidenheit. Als immergrüne, hagere Pflanze steht er gleichzeitig für das Alter. Eines der Embleme von Kuan-yin (der Göttin der Barmherzigkeit) ist ein Bambuszweig.

Das I Ging

Das I Ging oder I-ching („Buch der Wandlungen") ist ein uraltes chinesisches Orakelsystem, dessen Anfänge bis zur Wende vom 2. zum 1. Jahrtausend v. Chr. zurückgehen. Das System besteht aus 64 Hexagrammen – verschiedenen Kombinationen aus jeweils sechs entweder durchbrochenen oder durchgezogenen Linien.

Jedes dieser Hexagramme steht für eine ganz bestimmte Grundsituation. Im Kommentar kann man die Deutung des jeweiligen Hexagramms nachlesen und erhält auch Empfehlungen, wie man sich verhalten sollte, damit die Situation eine günstige Wendung nimmt. Das ist das Besondere an diesem Orakelsystem: Es sagt nicht einfach nur die Zukunft voraus, sondern geht – der chinesischen Philosophie entsprechend – davon aus, dass im Leben nichts starr und unwandelbar ist, sondern dass sich alles in einem ständigen Wandel befindet. Das gilt auch für die Zukunft: Durch sein eigenes Verhalten kann man den Ausgang einer Situation entscheidend beeinflussen – man muss sie nur richtig einschätzen und die richtigen Schlussfolgerungen daraus ziehen. Dabei hilft einem das Orakel.

Es gibt verschiedene Möglichkeiten, die sechs Linien eines Hexagramms zu erhalten: Früher gab es in China das so genannte Schafgarbenorakel, bei dem 50 ganze oder geknickte Schafgarbenstängelteile in einem komplizierten Auszählungsverfahren zu Hexagrammen kombiniert wurden.

Inzwischen geht man meist nach einem einfacheren Verfahren vor: Man nimmt eine Münze und ordnet der einen Seite dieser Münze den Zahlenwert Zwei, der anderen Seite den Zahlenwert Drei zu. Dann wirft man die Münze dreimal und addiert ihre Zahlenwerte. Dabei ergibt sich entweder eine gerade oder eine ungerade Zahl. Die gerade Zahl steht für eine durchbrochene, die ungerade Zahl für eine durchgezogene Linie.

Damit hat man bereits die erste, unterste Linie seines Hexagramms erhalten. (Jedes Hexagramm wird, der Richtung allen organischen Wachstums entsprechend, von unten nach oben aufgebaut.) Diesen Vorgang wiederholt man noch fünfmal und hat damit alle sechs Linien seines Hexagramms beisammen. Nun kann man im Kommentar die Deutung seines Hexagramms nachschlagen.

Yin und Yang

Im Orakelsystem des I Ging spielt – wie überhaupt im chinesischen Denken – die Vorstellung von Yin und Yang eine sehr wichtige Rolle.

Das Yin-Yang-Symbol

Yin und Yang sind zwei polare Kräfte – einander entgegengesetzt und dennoch untrennbar miteinander verbunden. Yin bedeutet, ins Deutsche übersetzt, die „nördliche, schattige Seite des Hügels"; Yang ist der helle, der Sonne zugewandte Hang. Dementsprechend werden Yin Eigenschaften wie Dunkelheit, Kälte, Passivität und Weiblichkeit zugeordnet; Yang schreiben die Chinesen die entgegengesetzten Attribute zu: Helligkeit, Wärme, Aktivität und Männlichkeit (wobei die Begriffe „männlich" und „weiblich" hier allerdings nicht wörtlich, sondern im übertragenen Sinn zu verstehen sind: Yin verkörpert das weibliche, Yang das männliche Prinzip).

Yin und Yang sind jedoch keine unüberbrückbaren Gegensätze, sondern bedingen und durchdringen sich gegenseitig. Für die Chinesen gibt es einen beständigen Wechsel, einen fließenden Übergang zwischen Yin und Yang – so wie Tag und Nacht, Sommer und Winter allmählich ineinander übergehen. Denn alles auf der Welt ist in einem ständigen Wandel begriffen.

Das Yin-Yang-Symbol (auch als T'ai-chi bezeichnet) bringt diesen Gedanken sehr schön zum Ausdruck: Es ist ein Kreis, der durch eine S-förmige Linie in zwei Hälften geteilt wird. Die eine Hälfte ist schwarz und steht für Yin, die andere Hälfte ist weiß und symbolisiert Yang. In der weißen Hälfte befindet sich ein kleiner schwarzer Kreis, in der schwarzen Hälfte ein kleiner weißer Kreis: ein Hinweis darauf, dass diese beiden Prinzipien keine untrennbaren Gegensätze sind, sondern sich gegenseitig bedingen und ineinander übergehen. In jedem Yin ist ein Yang-Element enthalten und umgekehrt. Idealerweise sollte zwischen diesen beiden

Polen ein harmonisches, dynamisches Gleichgewicht herrschen: Manchmal überwiegt Yang, dann wieder Yin. Ein Übermaß an Yin oder Yang führt zu einem störenden Ungleichgewicht. Ausgewogenheit und Harmonie spielen im chinesischen Denken eine wichtige Rolle.

Die beiden Gegenpole Yin und Yang

Yin	Yang
weibliches Prinzip	männliches Prinzip
Dunkelheit	Helligkeit
Schatten	Licht
Nacht	Tag
Mond	Sonne
Erde	Himmel
Winter	Sommer
Kälte	Wärme
Stille	Bewegung
Passivität	Aktivität
Weichheit	Härte
Traurigkeit	Heiterkeit

Auch im I Ging sind diese beiden Grundprinzipien, aus denen nach chinesischer Vorstellung die ganze Schöpfung aufgebaut ist, vertreten: Eine durchgezogene Linie steht für Yang, eine durchbrochene Linie für Yin.

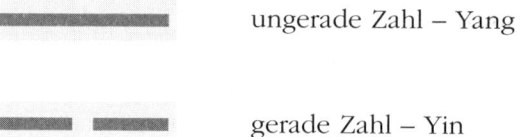

ungerade Zahl – Yang

gerade Zahl – Yin

Die Bedeutungen der 64 Hexagramme

1. KIËN (das Schöpferische)

Dieses Zeichen besteht aus sechs durchgezogenen Linien, ist also ein reines Yang-Zeichen. Es steht für schöpferische Kraft und Bewegung und bedeutet, dass demjenigen, der das Orakel befragt, alles gelingen wird, was er sich vorgenommen hat. Das Zeichen steht für den Weg zum Erfolg – aber nur, wenn der Betreffende beharrlich, aufrichtig und weise ist und das Wohl der Allgemeinheit im Auge hat.

2. KUN (das Empfangende)

Dieses Zeichen besteht aus lauter durchbrochenen Linien (Yin-Linien). Es steht für das weiche, weibliche, empfängliche Urprinzip des Yin. Wer dieses Orakel empfängt, sollte jetzt nicht aktiv sein und führen wollen, sondern nachgeben, sich von anderen leiten lassen, auf die Weisheit seines Schicksals vertrauen. Was er erreichen möchte, schafft er nur mit der Hilfe anderer; er sollte sich daher Freunde und Verbündete suchen.

3. DSCHUN (die Anfangsschwierigkeit)

Jetzt besteht die Möglichkeit zu einem Neuanfang; dieser ist jedoch zunächst einmal mit widrigen Umständen und Schwierigkeiten verbunden, die überwunden werden müssen. Noch ist alles in Bewegung und im Werden – nichts ist entschieden. Doch mit Geduld, innerer Ruhe und Beharrlichkeit gelangt man zum Erfolg – das Chaos wird sich lichten. Allerdings darf man nicht voreilig handeln und sollte sich den Beistand anderer Menschen sichern.

4. MONG (die Jugendtorheit)

Dieses Hexagramm weist darauf hin, dass Jugendtorheit – oder im weiteren Sinn: Unerfahrenheit – durch Besonnenheit und Abwarten überwunden werden kann. Außerdem sollte man einen erfahrenen Lehrer finden und dessen Ratschläge dankbar und bescheiden annehmen.

5. SÜ (das Warten, die Ernährung)

Jetzt ist nicht die Zeit, aktiv zu werden oder etwas erzwingen zu wollen, sondern geduldig zu warten und gar nichts zu tun. Das, was man sich wünscht, wird schon zur rechten Zeit eintreten – aber nur wenn man sich keinen Illusionen hingibt und seinem Schicksal entschlossen entgegensieht.

6. SUNG (der Streit)

Man stößt auf Widerstand, obwohl man sich im Recht fühlt. So entsteht Streit. Nun gilt es, besonnen und kompromissfähig zu sein. Man muss bereit sein, dem anderen auf halbem Weg entgegenzukommen, statt stur auf seinem Standpunkt zu beharren – sonst wird der Streit leicht zur bleibenden Feindschaft. Auch sollte man den Rat eines weisen Menschen suchen, der in der Lage ist, den Konflikt zu schlichten.

7. SCHÏ (das Heer)

Dieses Hexagramm symbolisiert Gehorsam nach außen hin, aber Gefahr im Inneren – denn ein Heer ist potentiell immer etwas Gefährliches. Es braucht einen starken, gerechten Führer, der für Disziplin und Fairness sorgt. Auf einen Krieg sollte man sich nicht leichtfertig einlassen, sondern nur dann, wenn es wirklich ein sinnvolles Ziel zu erreichen gilt. Dieses Ziel muss der Führer seinem Heer klar machen.

8. BI (das Zusammenhalten)

Dieses Hexagramm symbolisiert Harmonie und Zusammenhalt. Jetzt sollte man sich mit anderen zusammentun, um sich gegenseitig zu ergänzen und zu unterstützen. Dazu ist eine Führungspersönlichkeit erforderlich, die die Gemeinschaft zusammenführt und -hält. Jeder sollte sorgfältig prüfen, ob er sich einer so verantwortungsvollen Aufgabe gewachsen fühlt; denn wer nicht führen kann, stiftet mehr Verwirrung als Heil.

9. SIAU TSCHU (des Kleinen Zähmungskraft)

Dieses Hexagramm steht für eine Situation, in der vorübergehend etwas Starkes durch etwas Schwaches im Zaum gehalten wird. Das gelingt dem Schwachen nur durch Sanftheit und gutes Zureden. Dieses Orakel bedeutet: In der vorliegenden Situation bestehen noch Hindernisse, die nur durch Sanftheit ausgeräumt werden können. Zum Durchgreifen ist es noch zu früh; jetzt ist äußerliche Anpassung und eine „Politik der kleinen Schritte" angesagt. Innerlich sollte man jedoch sein Ziel fest im Auge behalten.

10. LÜ (das Auftreten)

In dieser Situation tritt ein Schwacher einem Starken gegenüber beherzt und entschlossen auf, gerät aber trotzdem nicht in Gefahr, weil er es ohne Anmaßung tut, den Starken also nicht provoziert. Das Hexagramm ermahnt dazu, seinen Standpunkt durchzusetzen – aber in einer freundlichen, umgänglichen Art und Weise, um niemandem auf die Füße zu treten. So erreicht man auch mächtigen, leicht reizbaren Menschen gegenüber sein Ziel.

11. TAI (der Friede)

Eine Zeit der Harmonie, des Friedens und des Gelingens – innerlich ebenso wie äußerlich. Himmel und Erde vereinigen sich, und alles wächst, blüht und gedeiht.

12. PI (die Stockung)

Eine Zeit der Stagnation, in der nichts vorwärtsgeht. Es herrscht Verwirrung und Unordnung; böswillige Menschen gewinnen die Oberhand. Den anderen, die nur das Beste im Auge haben, bleibt jetzt nichts anderes übrig, als sich zurückzuziehen und ruhig abzuwarten, bis wieder bessere Zeiten kommen.

13. TUNG JEN (Gemeinschaft mit Menschen)

Dieses Hexagramm steht für eine friedliche Vereinigung von Menschen, die auf ein gemeinsames Ziel hinarbeiten. Es herrscht Einigkeit, und deshalb werden auch schwierige Aufgaben gelingen. Allerdings braucht die Gemeinschaft einen Führer.

14. DA YU (der Besitz von Großem)

Eine günstige Zeit: Kraft und innere Klarheit vereinigen sich. Wer trotz seiner hohen Position bescheiden und uneigennützig bleibt und sich seine Integrität bewahrt, dem wird alles gelingen. Reichtum wird kommen.

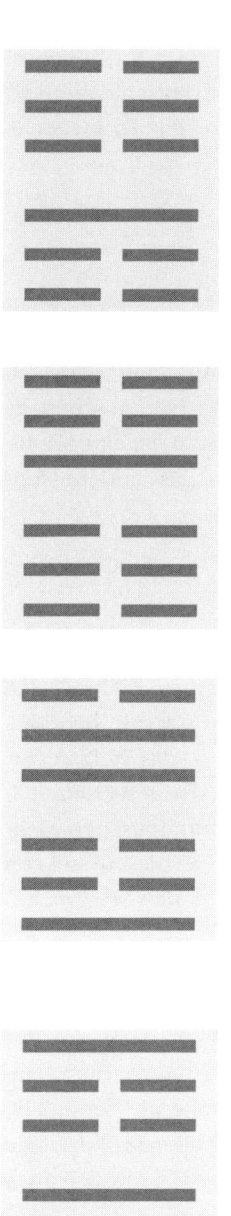

15. KIËN (die Bescheidenheit)

Mit Bescheidenheit und Weisheit (Erkenntnis dessen, was gut und richtig ist) wird es dem Betreffenden gelingen, sein Werk zu Ende zu führen.

16. YÜ (die Begeisterung)

Wer bei der Orakelnahme dieses Hexagramm erhält, dem gelingt es, andere zu begeistern und mitzuziehen, sodass sie ihn bei der Erreichung seiner Ziele unterstützen. Eine gute Zeit, um etwas Neues zu beginnen.

17. SUI (die Nachfolge)

Man kann andere Menschen nur dazu bringen, einem nachzufolgen, indem man sich seinerseits anpasst – nur durch Dienen kommt man zum Herrschen. Nachfolge kann man nicht durch Gewalt oder List erzwingen; das führt nur zu Widerstand. Wichtig sind Beharrlichkeit und Integrität – man darf die anderen nicht zur Verfolgung schlechter oder eigennütziger Ziele anstiften, sonst wird das Vorhaben misslingen.

18. GU (die Arbeit am Verdorbenen)

Es herrscht Unordnung, Verfall und Korruption. Das Unheil ist durch menschliches Verschulden zustande gekommen und muss dringend beseitigt werden. Das kostet Mühe und kann auch Gefahren mit sich bringen, die man jedoch nicht scheuen sollte. Jetzt ist energisches, entschlossenes Handeln gefragt. Wichtig: Man muss erst einmal die Gründe analysieren, die zu dem Verfall geführt haben; und man muss hinterher auch Vorsorge treffen, damit er nicht wiederkehrt.

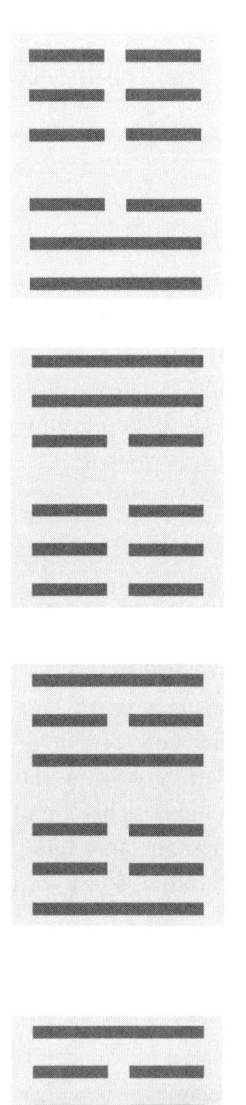

19. LIN (die Annäherung)

Es kommt eine Zeit des Fortschritts und des Gelingens. Aber es erfordert Beharrlichkeit und Entschlossenheit, diese günstige Konstellation möglichst gut zu nutzen – denn sie wird nicht ewig andauern.

20. GUAN (die Betrachtung)

Mit Weitblick und innerer Sammlung kann man die Gesetzmäßigkeiten der Natur und des Weltgeschehens erkennen. Nur wer diese Fähigkeit besitzt, ist eine wahre Führungspersönlichkeit und schafft es, dass andere Menschen ihm gern und freiwillig folgen.

21. SCHÏ HO (das Durchbeißen)

Dieses Hexagramm stellt einen geöffneten Mund dar, zwischen dessen Zähnen sich ein Hindernis befindet. Dieses Hindernis muss durchgebissen, das heißt energisch und notfalls auch mit Gewalt beseitigt werden. Oft geht es von einem böswilligen und verräterischen Menschen aus, der seiner Strafe zugeführt werden muss; von allein wird das Problem nicht verschwinden.

22. BI (die Anmut)

Die Deutung dieses Hexagramms lautet: „Anmut hat Gelingen. Im Kleinen ist es fördernd, etwas zu unternehmen." Das heißt: Anmut – in sich ruhende Schönheit, stille Betrachtung – bringt Gelingen; aber große Dinge kann man damit nicht erreichen, und es lassen sich auch keine Streitfragen damit entscheiden.

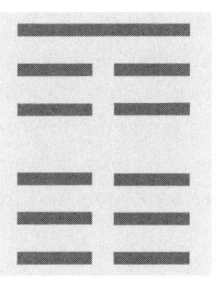

23. BO (die Zersplitterung)

Eine gefährliche Situation: Das Böse untergräbt das Edle heimlich, still und leise, bis es schließlich zusammenbricht („zersplittert"). Die Gemeinen sind im Vordringen begriffen, und die Guten können (und sollten) momentan nichts unternehmen, um ihnen Einhalt zu gebieten. Jetzt gilt es, sich zu fügen und abzuwarten, bis die Zeiten sich wieder ändern.

24. FU (die Wiederkehr, die Wendezeit)

Nach einer Zeit des Zerfalls kommt die Wende: Es bewegt sich wieder etwas, und zwar zum Positiven hin – ohne dass man diese positive Veränderung erzwingen müsste. Alles gelingt wie von selbst, weil die Zeit dafür reif ist. Es bilden sich Gruppen von Gleichgesinnten, die Gutes bewirken.

25. WU WANG (die Unschuld, das Unerwartete)

Durch Unschuld und Integrität erreicht man sein Ziel; Mangel an Rechtschaffenheit hingegen führt zum Unglück. Daher ist es jetzt wichtig, das Rechte zu tun und sich nicht von egoistischen oder böswilligen Motiven leiten zu lassen.

26. DA TSCHU (des Großen Zähmungskraft)

Jetzt ist eine starke Persönlichkeit gefragt. Nur durch Kraftansammlung, Mut und Entschlossenheit erreicht man sein Ziel. Dann wird auch ein gefährliches Unterfangen gelingen.

27. I (die Mundwinkel, die Ernährung)

Dieses Zeichen stellt einen geöffneten Mund dar: Die durchgezogenen Linien oben und unten sind die Lippen, die durchbrochenen Linien dazwischen stehen für die Zähne. Daher symbolisiert dieses Hexagramm die Ernährung – physische ebenso wie geistige Nahrung. Man sollte die edlen Seiten seines Charakters pflegen und in allen Dingen Maß halten.

28. DA GO (des Großen Übergewicht)

Eine Zeit großer, fast unerträglicher Belastung – eine Ausnahmesituation. Man muss möglichst rasch handeln. Das Problem lässt sich aber nicht mit Gewalt lösen, sondern nur durch gute Überlegung und besonnenes Analysieren der Situation.

29. KAN (das Abgründige, das Wasser)

Jetzt sollte man mit dem Strom schwimmen, statt sich gegen die Umstände zu wehren. Man kann sein Ziel erreichen, indem man sich sanft, aber unbeirrbar und unermüdlich seinen Weg bahnt wie das Wasser. Das Wasser übersteht alle Klippen und Gefahren, passt sich allen wechselnden Gegebenheiten an und bleibt sich doch immer selbst treu. Mit dieser Haltung wird man Herr der Lage.

30. LI (das Haftende, das Feuer)

Beharrlichkeit bringt Erfolg. Der große Mann verbreitet durch die Klarheit seines Wesens Licht um sich herum, mit dem er andere Menschen inspiriert und motiviert.

31. HIËN (die Einwirkung, die Werbung)

Dieses Hexagramm steht für die Liebeswerbung, aber auch für gegenseitige Anziehung im allgemeineren Sinn. Um auf andere Menschen anziehend zu wirken, muss man bescheiden und für gute Ratschläge empfänglich sein, statt immer Recht haben und alles besser wissen zu wollen.

32. HONG (die Dauer)

Dieses Hexagramm symbolisiert eine dauerhafte Verbindung zwischen zwei Menschen – eine Ehe –, aber auch jedes andere in sich geschlossene und gut organisierte Ganze, das einen dauerhaften, sinnvollen Weg geht. Der edle Mensch hat sein inneres Gesetz, seine feste Richtung – er weiß, wohin er geht, und weicht nicht von seinem Weg ab.

33. DUN (der Rückzug)

Jetzt sind die feindlichen Kräfte im Vorrücken; momentan bleibt kein anderer Ausweg als der Rückzug. Wer diesen Rückzug strategisch richtig plant und ausführt, der wird letzten Endes den Sieg erringen. Rückzug ist nicht gleichbedeutend mit Niederlage oder Flucht: Man sammelt nur seine Kräfte und trifft alle nötigen Vorbereitungen, um sich später, wenn der rechte Zeitpunkt dafür gekommen ist, dem Kampf zu stellen. Ein solcher ruhiger, gelassener Rückzug ist ein Zeichen von Stärke.

34. DA DSCHUANG (des Großen Macht)

Die Deutung dieses Hexagramms lautet: „Des Großen Macht. Fördernd ist Beharrlichkeit." Das bedeutet, dass man zwar eine starke Position innehat, sich aber nicht zu sehr auf seine Macht verlassen und womöglich unbesonnen oder ungerecht handeln sollte – dies drückt sich in der Mahnung zur Beharrlichkeit aus. Wahre Größe steht stets im Einklang mit dem, was gut und richtig ist.

35. DSIN (der Fortschritt)

Dieses Hexagramm stellt die Sonne dar, die über der Erde emporsteigt, und kündigt eine Zeit großen, raschen, relativ mühelosen Fortschritts an. Das Licht der Sonne ist von Natur aus hell und klar; ebenso ist das Wesen des Menschen von Natur aus gut, wird aber durch den Kontakt mit dem Irdischen immer wieder getrübt. Daher bedarf der Mensch immer wieder der Läuterung, um in dem Licht leuchten zu können, das ihm eigentlich zukommt.

36. MING I (die Verfinsterung des Lichts)

Dieses Hexagramm stellt die Sonne dar, die unter die Erde gesunken, also verdunkelt ist. Ein böswilliger, niederträchtiger Mensch hat eine Machtposition inne und kann dem Edlen, Weisen dadurch schaden. Jetzt muss man nach außen hin nachgiebig, innerlich aber stark und beharrlich sein: Man muss sein Licht verhüllen (das heißt, vorsichtig und zurückhaltend auftreten), um kein Missfallen zu erregen. Innerlich jedoch wartet man gelassen den richtigen Zeitpunkt zum Handeln ab.

37. GIA JEN (die Sippe)

In einer Sippe muss jeder den ihm zukommenden Platz einnehmen. Es muss ein starkes Zusammengehörigkeitsgefühl da sein; die einzelnen Familienmitglieder müssen einander Liebe und Loyalität entgegenbringen und bereit sein, das Wohl des Ganzen über ihre eigenen, egoistischen Wünsche und Bedürfnisse zu stellen. Dann ist die Familie intakt, und dann funktionieren auch die gesamten gesellschaftlichen Beziehungen eines Volkes, ja der ganzen Menschheit, denn die Familie ist die Keimzelle der Gesellschaft.

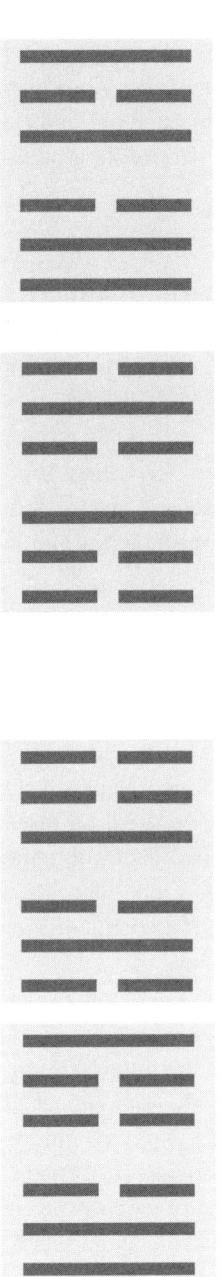

38. KUI (der Gegensatz)

Die Menschen sind sich uneinig; daher ist ein großes gemeinsames Werk nicht möglich. Jetzt ist behutsames Vorgehen erforderlich, um die Gegensätze nicht noch weiter zu verschärfen, sondern allmählich zu einer Verständigung zu gelangen. Dies ist zwar nicht einfach, aber durchaus möglich.

39. GIËN (das Hemmnis)

Dieses Hexagramm steht für eine Situation, in der man von Hindernissen umgeben ist. Diese Hemmnisse können aber überwunden werden. Vielleicht muss man sich dazu erst einmal zurückziehen und nachdenken, sich mit Gleichgesinnten zusammentun oder einen Führer suchen, der dieser schwierigen Situation gewachsen ist. Jetzt ist weder Gewalt noch Selbstmitleid, sondern große Beharrlichkeit angebracht; dann kann man die Schwierigkeiten überwinden und innerlich daran wachsen.

40. HIË (die Befreiung)

Das Hindernis ist beseitigt; alle Probleme und Verwicklungen sind in der Lösung begriffen – ein Prozess der Befreiung beginnt, wie ein erlösendes Gewitter. Aber man darf in seiner Freude darüber nicht übermütig werden, sondern sollte stets das rechte Maß im Auge behalten.

41. SUN (die Minderung)

Dieses Hexagramm steht für eine Zeit der Einschränkung und Entbehrung. Das muss jedoch nicht unbedingt etwas Schlechtes sein, denn auch diese Rückkehr zur Einfachheit ist eine wertvolle Erfahrung, aus der man etwas lernen kann. Jetzt sollte man nicht nach Erfolg oder der Erreichung seiner Ziele streben, sondern Selbstdisziplin üben und sich mit dem begnügen, was man hat.

42. I (die Mehrung)

Eine Zeit des Aufstiegs – auch ein schwieriges oder gefährliches Unterfangen kann jetzt gelingen. Aber man muss diese günstige Zeit zum Handeln nutzen, denn sie währt nicht ewig – und man sollte seinen Erfolg großzügig mit anderen teilen.

43. GUAI (der Durchbruch, die Entschlossenheit)

Der Einfluss der bösen, niederträchtigen Menschen ist im Schwinden begriffen; wenn man jetzt entschlossen handelt, kann es zu einer Änderung der Verhältnisse kommen. Dazu darf man jedoch selbst keine unedlen Motive haben, und man darf die schlechten Menschen (und seine eigenen Fehler) auch nicht mit Gewalt bekämpfen, sondern indem man nach einem Fortschritt im Guten strebt.

44. GOU (das Entgegenkommen)

Das Böse war schon beseitigt, ist aber jetzt heimlich, still und leise wieder im Vormarsch begriffen. Die Macht der gemeinen Menschen besteht darin, dass die Edlen ihre Gefährlichkeit nicht erkennen und ihnen daher nicht energisch genug entgegentreten oder sie sogar zu ihren Verbündeten machen. Daher sollte man jetzt auf seine innere Stimme hören und genau prüfen, ob einer Situation womöglich versteckte Gefahren innewohnen oder ob man vielleicht falsche Verbündete hat.

45. TSUI (die Sammlung)

Dieses Hexagramm steht für die Sammlung von Menschen in einer größeren Gemeinschaft (Familie, Staat etc.). Jede Gemeinschaft bedarf eines starken Führers, der in sich selber ruht und absolut integer ist. Gemeinsam kann man aktiv werden und viel erreichen. Wichtig sind dabei Geduld, Beharrlichkeit und die Bereitschaft, auch Opfer zu bringen.

46. SCHONG (das Empordringen)

„Empordringen" ist ein Fortschritt, der nicht mühelos gelingt, sondern mit großer Anstrengung verbunden ist, wie ein Sämling sich mühsam durch die Erde zum Licht vorkämpft. Wenn man dabei nicht gewaltsam, sondern sanft und bescheiden vorgeht, schafft man sich nur Freunde und stößt auf keinerlei Hindernisse.

47. KUN (die Bedrängnis, die Erschöpfung)

Dieses Hexagramm steht für eine Notzeit, in der das dunkle Prinzip regiert: Die Edlen werden von den Niederträchtigen unterdrückt und können momentan nicht viel bewirken. Durch heitere Gelassenheit und Beständigkeit werden sie aber letzten Endes doch den Sieg davontragen. Wichtig ist, sich durch diese ungünstige Situation innerlich nicht brechen zu lassen.

48. DSING (der Brunnen)

Das Bild des Brunnens ist mit dem Prinzip der Pflanzenwelt verwandt, die das Wasser, von dem es sich nährt, aus der Erde emporzieht. So ziehen auch wir unsere seelische Nahrung aus dem göttlichen Urgrund unseres Wesens. Bis zu diesen tiefsten Wurzeln des Menschseins müssen wir vordringen. Genau wie das organische Wachstum der Pflanze muss alles seine rechte Ordnung haben. Fahrlässigkeit ist unter allen Umständen zu vermeiden, denn sie bringt Verderben: Dann zerbricht der Krug, mit dem man das Wasser aus dem Brunnen holt.

49. GO (die Umwälzung, die Mauserung)

Dieses Hexagramm steht für große Umwälzungen in einem Gemeinwesen, beispielsweise einen Regierungswechsel. Allgemeiner betrachtet, symbolisiert es eine große Veränderung. Dabei muss man sorgfältig auf den richtigen Zeitpunkt und die rechte Art des Vorgehens achten und frei von egoistischen Motiven sein.

50. DING (der Tiegel)

Der Tiegel symbolisiert Nahrung und – im weiteren Sinn – Kultur und Religion als geistige Nahrung einer Gesellschaft. Denn der Tiegel ist auch ein Gefäß für die Opfergaben, die man Gott darbringt. Unterwerfung unter den Willen Gottes bringt Erleuchtung, Heil und Erfolg.

51. DSCHEN (das Erregende, das Erschüttern, der Donner)

Dieses Hexagramm symbolisiert die Gottesfurcht: Jeder edle Mensch soll Ehrfurcht vor Gott haben und sich innerlich stets prüfen, ob sein Leben und seine Gedanken und Gefühle dem Willen Gottes entsprechen. Diese Gottesfurcht ist unsere wahre Lebensgrundlage.

52. GEN (das Stillehalten, der Berg)

Man muss zum rechten Zeitpunkt stillehalten und zur rechten Zeit aktiv werden und vorwärtsgehen. Diese innere Ruhe und Gelassenheit zu erlangen, ist nicht leicht, aber wenn man sie besitzt, erkennt man die großen Gesetze des Weltgeschehens und kann dementsprechend handeln. Dann macht man keine Fehler.

53. DSIËN (die Entwicklung, allmählicher Fortschritt)

Man sollte jetzt nichts überstürzen, sondern den Dingen Zeit lassen, sich zu entwickeln – im Äußeren ebenso wie im Inneren. Innere Ruhe, Sanftmut und Beständigkeit führen zu einem langsamen, aber stetigen Fortschritt.

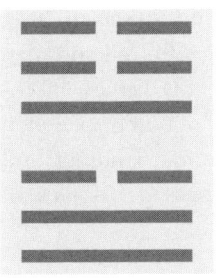

54. GUI ME (das heiratende Mädchen)

Früher hatte ein Mann in China eine Hauptfrau und mehrere Nebenfrauen. Das Hexagramm „das heiratende Mädchen" bedeutet, dass ein junges Mädchen Nebenfrau eines älteren Mannes wird und ihm – wie es früher üblich war – in seinen Haushalt folgt. Dort muss es sich sehr vorsichtig und taktvoll verhalten, um die Hauptfrau nicht zu verärgern: Sie muss sich ihr unterordnen und darf ihr nicht das Gefühl geben, sie verdrängen zu wollen. Im übertragenen Sinn steht dieses Hexagramm für alle Situationen, in denen leicht zwischenmenschliche Probleme und Missverständnisse entstehen können und daher große Vorsicht und viel Taktgefühl geboten sind.

55. Fong (die Fülle)

Dieses Hexagramm steht für eine Zeit großer Fülle und großen Erfolgs, die jedoch nicht lange andauern wird und daher optimal genutzt werden muss. Um eine solche Situation der Fülle herbeiführen zu können, bedarf es eines großen Mannes, der weise handelt.

56. LÜ (der Wanderer)

Als Wanderer in der Fremde muss man bescheiden, vorsichtig und zurückhaltend sein und sich anderen Menschen gegenüber respektvoll und zuvorkommend verhalten – so macht man sich Freunde und schützt sich vor Unheil. Im übertragenen Sinn ist das ganze Leben eine solche Reise, und deshalb sollte man sich stets so verhalten, als durchquere man ein fremdes Land. Man muss wachsam sein und darauf achten, nur an guten Orten Rast einzulegen und nur mit rechtschaffenen, ehrlichen Menschen zu verkehren.

57. SUN (das Sanfte, das Eindringliche, der Wind)

Mit sanftem Nachdruck – wie der Wind, der sanft, aber beständig immer in dieselbe Richtung weht – kann man langsam und allmählich, Schritt für Schritt die gewünschten Resultate erzielen. Einen stetigen, ununterbrochenen Einfluss auszuüben und Widerstände mit Sanftmut und Beharrlichkeit zu überwinden, ist besser, als Gewalt anzuwenden.

58. DUI (das Heitere, der See)

Die Deutung dieses Hexagramms lautet: „Das Heitere. Gelingen. Günstig ist Beharrlichkeit." Fröhlichkeit wirkt ansteckend; damit hat man immer Erfolg. Durch Freundlichkeit und Heiterkeit kann man andere Menschen leicht für sich gewinnen. Aber diese Fröhlichkeit braucht als Basis Beständigkeit, Ehrlichkeit und innere Kraft, damit sie nicht in Übermut ausartet.

59. HUAN (die Auflösung)

Mit „Auflösung" ist die Überwindung des Egoismus gemeint, der die Menschen voneinander trennt. Dazu bedarf es der Religion, die die Menschen zusammenführt und höhere Ziele erkennen lässt, welche dann gemeinsam erreicht werden können. Aber nur derjenige, der frei von Egoismus, gerecht und geduldig ist, kann andere Menschen dazu inspirieren, ihre Selbstsucht zu überwinden.

60. DSIË (die Beschränkung)

Dieses Hexagramm steht für Einschränkung in materiellen Dingen (Sparsamkeit) und auch in moralischer Hinsicht (Maßhalten, Uneigennützigkeit, Selbstdisziplin). Diese Einschränkung ist keineswegs etwas Negatives – durch Sparsamkeit rüstet man sich für Notzeiten, und an den Schranken, die man sich selbst auferlegt, wächst man und wird innerlich frei. Doch darf man es auch mit der Beschränkung nicht zu weit treiben, sondern muss auch hier das rechte Maß erkennen und einhalten.

61. DSCHUNG FU (innere Wahrheit)

Man muss versuchen, sich von Vorurteilen frei zu machen, um die innere Wahrheit der Situation und der Menschen, mit denen man zu tun hat, unvoreingenommen sehen zu können. Zu schwierigen, uneinsichtigen Menschen findet man nur durch innere Offenheit Zugang – dann beginnt man sie zu verstehen und kann sie beeinflussen. So gelingen auch schwierige, gefährliche Unternehmungen.

62. SIAU GO (des Kleinen Übergewicht)

Wenn einem Schwachen eine Machtposition zufällt, der er eigentlich nicht ganz gewachsen ist, muss er sehr vorsichtig und zurückhaltend sein. Er darf keine zu großen Taten und hochfliegenden Ziele anstreben, sondern sollte sich mit kleinen Schritten begnügen. So kann er Erfolge erzielen – wenn auch nur in kleinen Schritten.

63. GI DSI (nach der Vollendung)

Die Verwirrung ist beseitigt; Ruhe und Ordnung sind eingekehrt. Jetzt gilt es, diesen günstigen Zustand auch zu bewahren, denn er kann sich leicht wieder in sein Gegenteil verkehren. Das lässt sich nur durch die rechte Gesinnung verhindern. Man darf die Dinge jetzt nicht einfach laufen lassen, sonst geschieht das, wovor dieses Hexagramm warnt: „Im Anfang Heil, am Ende Wirren."

64. WE DSI (vor der Vollendung)

Dieses Hexagramm bedeutet, dass der Übergang von der Unordnung zur Ordnung noch nicht vollendet ist. Die Vorbereitungen für den Umschwung sind zwar bereits getroffen, doch es gibt noch viel Arbeit zu bewältigen. Wenn man sanft und behutsam und mit der nötigen Vorsicht und Besonnenheit vorgeht, wird man Erfolg haben.

Symbole
der Indianer

Leben im Einklang mit der Natur

Im Zentrum der indianischen Lebensphilosophie stand – und steht immer noch – der Grundsatz, dass der Mensch in harmonischem Einklang mit der Natur und den Elementen leben müsse. Die Natur war für die Indianer nichts, was der Mensch sich zu unterwerfen hatte, sondern etwas Verwandtes, Beseeltes, das man mit Rücksicht und Respekt behandeln musste, um das harmonische Gleichgewicht des Universums nicht zu stören.

Um diese Harmonie mit der Schöpfung aufrechtzuerhalten, bedienten die Indianerstämme sich verschiedener Symbole und Rituale. Die Natur spielt in diesen Zeremonien und dieser Bildersprache naturgemäß eine zentrale Rolle; denn mit ihr und in ihr musste der Indianer leben, aus ihr bezog er seine Nahrung und seine Kleidung, gegen ihre Gefahren musste er ankämpfen und sich behaupten. Auch in den Glaubensvorstellungen der Indianer kommt der Natur ein wichtiger Stellenwert zu: Viele Clans führten ihre Abstammung auf ein bestimmtes Tier zurück, das diese Sippe dann meist auch beschützte. So gab es bei den Hopi beispielsweise den Coyote-Clan, den Schwalben-Clan, den Spinnen-Clan, den Bären-Clan usw. Auch die Stämme an der Atlantikküste im Nordwesten glaubten, dass ihre Clans von verschiedenen in der Region heimischen Tieren abstammten.

Felszeichnungen der Hopi: 1. Stammessymbol des Schmetterlings-Clans (ein stilisierter Schmetterling), 2. Stammessymbol des Spinnen-Clans

Die Gottheiten, an die die Indianer glaubten, haben nichts mit unserem persönlichen Gott gemein; es handelt sich dabei eher um eine geheimnisvolle Kraft oder Macht, die manchen Gegenständen und Geschöpfen oder auch der ganzen Welt innewohnte und die die Menschen beschützen, aber auch in Angst und Schrecken versetzen konnte. Viele Zeremonien der Indianer dienten dazu, diese Gottheit günstig zu stimmen, die bei jedem Stamm einen anderen Namen hatte: Bei den Dakota hieß sie beispielsweise Wakan Tanka (auf deutsch: „der Große Geist" oder „das

Große Geheimnis"), bei den Irokesen Orenda, bei den Algonkin-Indianern im Osten Nordamerikas Manitu.

Außerdem glaubten die Indianer an Toten- und Naturgeister, zu denen sie beteten und die sie zu besänftigen versuchten oder um Schutz baten. Naturgeister gab es überall – in Bäumen, Felsen, Flüssen –; sie beschützten die Gegend, in der sie lebten, und wachten über Pflanzen und Tiere. Der Kosmos der Indianer war von Geistern und göttlichen Kräften beseelt; Religion war ein untrennbarer Bestandteil ihres Alltags. Dementsprechend spielten auch Symbole eine wichtige Rolle im Leben der Indianer: Die Bilder und Ornamente der indianischen Kunst, die Tänze und Zeremonien – alles hat eine tiefe symbolische Bedeutung.

Leider ist vieles von dieser reichen Bildersprache, den Ritualen und religiösen Vorstellungen der Indianer im Zuge der Eroberung des amerikanischen Kontinents durch die Europäer verloren gegangen; denn dadurch wurden die Indianer von ihrer Kultur und ihrem uralten spirituellen Wissen entfremdet. Ein weiteres Problem bei der Beschäftigung mit der Symbolsprache der nordamerikanischen Indianer besteht darin, dass es eine Vielzahl verschiedener Stämme gab (und gibt), die sehr unterschiedliche Weltanschauungen, Zeremonien und Symbole hatten. Daher kann hier nur eine kleine Auswahl der wichtigsten Symbole behandelt werden.

Visionssuche und Medizin

Visionen und Träume sind im Denken und in der Religion der Indianer fest verankert. Bei ihnen gingen Traum und Realität ineinander über; den Visionen, die sie durch Fasten, halluzinogene Pflanzen oder auf anderem Wege herbeiführten, wurde genauso große (oder noch größere) Bedeutung zugemessen wie der Alltagsrealität. Was ein Indianer im Traum oder in einer solchen Vision sah, war eine Botschaft aus der Welt des Übernatürlichen – in ihr konnte sich beispielsweise ein Schutzgeist offenbaren.

Solche Schutzgeister spielten im Denken der Prärieindianer eine wichtige Rolle. Meist waren es Tiere, die demjenigen, den sie beschützten, die Eigenschaften verliehen, die man mit dem betreffenden Tier assoziierte – Mut, Ausdauer, List usw. Um mit seinem Schutzgeist in Kontakt zu treten, begab ein junger Indianer sich auf „Visionssuche": Er zog in die Wildnis hinaus und fastete tagelang (oft auf einem Berg oder Felsen, weil die Indianer sich dort dem Himmel und damit Gott näher fühlten), bis er eine oder mehrere Visionen hatte – was als besonderer Segen galt, denn nicht jedem wurde eine solche Vision zuteil. Den Schutzgeist, der sich in dieser Vision

offenbarte, verwendeten die indianischen Krieger häufig als Motiv zur
Bemalung ihrer ledernen Rundschilde – er sollte sie vor Verwundung oder
Tod schützen.

Wenn sich einem Indianer während einer solchen Visionssuche mehrere
Schutzgeister offenbarten (was gar nicht so selten vorkam), sammelte er
Attribute dieser übernatürlichen Helfer (beispielsweise Tierfelle, Knochen,
Steine, Holzstücke, Federn) und steckte sie in einen aus Tierhäuten gefer-
tigten kleinen Beutel. Das war dann seine „Medizin"; der Beutel wurde als
Medizinbeutel bezeichnet. Man darf den Begriff „Medizin" aber nicht in
unserem westlichen Sinn (als Heilmittel gegen Krankheiten) verstehen; für
die Indianer bedeutete Medizin die der Natur innewohnende Energie oder
Lebenskraft. Die Kraft des betreffenden Schutzgeistes (z. B. eines Tiers,
einer Pflanze oder eines Steins) ging in die Medizin über und beschützte
den Krieger fortan. Er trug seinen Medizinbeutel um den Hals, und es galt
als große Schande, ihn im Kampf zu verlieren. Dadurch verlor er gleichzeitig auch seine Ehre und den Respekt seiner Stammesgenossen. Umgekehrt galt es als sehr ehrenvoll, wenn es einem Indianer gelang, einem
Feind im Kampf (oder nach dessen Tötung) seinen Medizinbeutel abzu-
nehmen.

Medizinräder

Die berühmten Medizinräder der Prärie-Indianer waren Kreise aus Steinen,
die auf den Boden gelegt wurden und einen Durchmesser von 30 bis 65
Metern hatten. Innerhalb dieses Kreises befanden sich verschiedene (ebenfalls aus Steinen gelegte) Symbole. Mithilfe eines solchen Kreises konnte
einem Indianer das Wissen um seine Medizin zuteil werden. In dem hier
abgebildeten Medizinrad symbolisieren die
sieben Steine in der Mitte die sieben Sterne
und stehen gleichzeitig für die sieben
Naturen des Menschen und des Universums. Sie können Eigenschaften wie Mut,
Angst oder Liebe verkörpern; die Deutung
bleibt der Fantasie des Einzelnen überlas-
sen. Die Steine, die den äußeren, großen
Kreis bilden, symbolisieren bestimmte
Menschen, Tiere, Pflanzen und andere
Dinge.

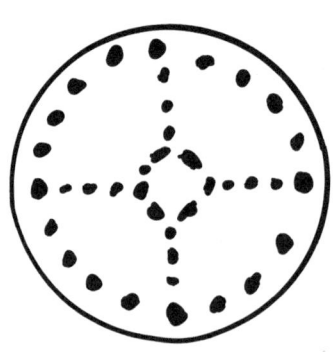

Medizinrad der Sioux

Tabak, Kriegs- und Friedenspfeife

Tabak spielte im Leben der Indianer eine wichtige Rolle: als Rauschmittel, für Zeremonien und Krankenheilungen und zur Herbeiführung von ekstatischen Zuständen und Visionen. Da der Tabak in manchen Gegenden Nordamerikas (beispielsweise in den Prärieregionen) rar war, verschnitt man ihn mit Baumrinde, Maisblättern und aromatischen Kräutern und Wurzeln.

Schamanen versetzten sich in Trance, indem sie Tabakrauch einatmeten, Tabak kauten oder Tabakabsud tranken. In diesem Zustand heilten sie Kranke, vollzogen ihre Rituale und Zeremonien oder sagten bestimmte Ereignisse voraus. (Das war das so genannte Tabaksorakel.) Die Indianer schrieben dem Tabak zauberische Kräfte zu: So rauchte man beispielsweise, um Regen herbeizuzaubern und die Ernte zu sichern oder um bei der Jagd reiche Beute zu machen. Tabak war auch ein Symbol der Gastfreundschaft: Es war üblich, einem Gast etwas zu rauchen anzubieten.

Die Pfeife stand für Krieg und Frieden: Die Friedenspfeife (Calumet) bestand aus einem mit Federn geschmückten Holzrohr und einem Pfeifenkopf aus rotem Pfeifenstein. Ursprünglich gab es sie nur bei den nördlichen Stämmen zu beiden Seiten des Mississippi; später breitete sie sich auch in anderen Teilen Nordamerikas aus. Mit dieser heiligen Pfeife durfte ein Bote sogar feindliche Grenzen überschreiten, ohne dass ihm jemand etwas zuleide tat. Das Annehmen oder Ablehnen der Pfeife entschied dann über Krieg oder Frieden. Auch bei Vertragsabschlüssen und wichtigen Ratsversammlungen wurde die Friedenspfeife geraucht.

Der Tanz der Friedenspfeife (Calumet-Tanz) war eine heilige Zeremonie bei den Indianerstämmen der Prärie, der Atlantikküste und der Großen Seen und wurde nur bei wichtigen Anlässen aufgeführt: zum Beispiel, um Gäste zu ehren oder sich zu einem Feldzug gegen einen gemeinsamen Feind zusammenzuschließen.

Die Kriegspfeife wurde aus Knochen gefertigt und mit bunten Stachelschweinborsten verziert und spielte bei den Prärieindianern eine wichtige Rolle: Der Kriegshäuptling trug sie während des Kampfes um den Hals, um seinen Kriegern das Signal zum Kampf (höherer Ton) oder zum Rückzug (tieferer Ton) zu geben.

Federschmuck: ein wichtiges Statussymbol

Federn dienten den Indianern als Schmuck verschiedener Gegenstände, vor allem aber als Kopfputz. Farbe, Anordnung und Zuschnitt der Federn

Der stolze Federschmuck eines Häuptlings

in einem solchen Kopf-schmuck gaben Auf-schluss über den sozia-len Rang eines Indianers und die tap-feren Taten, die er im Krieg begangen hatte.

Der prächtige Adler-feder-Kopfputz der Prä-rie-Stämme wurde vor allem bei feierlichen Anlässen (zum Beispiel auf Festen oder beim heiligen Sonnentanz) getragen. Ansonsten trugen die Indianer – auch auf Kriegszügen – meist nur einige wenige Federn im Haar.

Glaube an tierische Ahnen: die Totempfähle an der Nordwestküste

Einem alten Mythos der Indianerstämme an der amerikanischen Nordwest-küste zufolge waren die Ahnen der verschiedenen Clans ursprünglich in Tiergestalt auf die Erde gekommen. Deshalb hat jeder Clan ein bestimmtes Tier, auf das er seine Abstammung zurückführt, mit dem er sich innerlich verwandt fühlt und das er auch in seinem Wappen führt. Mit diesen Wap-pen- oder Clanszeichen schmückten die Indianerstämme an der Nordwest-küste so gut wie alles: Sie zierten in Form von Schnitzereien ihre Häuser und ihr Geschirr oder wurden auf Decken und Korbwaren gezeichnet.

Am eindrucksvollsten aber sind die Totempfähle: hohe, geschnitzte Holz-säulen, die vor ihren Behausungen standen und auf denen ihre Wappen-tiere dargestellt waren. Ein Totempfahl wurde zum Gedenken an einen verstorbenen Häuptling errichtet, der entweder direkt in dem Pfahl oder darunter bestattet wurde.

Nach dem Glauben dieser Indianerstämme konnte man sich auf den übernatürlichen Schutz dieser Totemtiere verlassen, denn jedes Tier war aufgrund der engen verwandtschaftlichen Bindung zu „seinem" Clan ver-pflichtet, den Angehörigen dieser Sippe zu helfen. Es gab auch zeremo-nielle Tänze, in denen die Tänzer Tiermasken trugen und die Mythen ihres Clans nachspielten.

Von links oben nach rechts
unten: Bär, Totempfahl,
Eule

Wichtige Totemtiere waren beispielsweise der Bär, der Kraft symbolisierte, und der Lachs, der als Hauptnahrungsmittel die Lebensgrundlage dieser Indianerstämme bildete. Sie schrieben dem Lachs magische Fähigkeiten zu und glaubten, dass Lachse sich in Menschen und Menschen sich in Lachse verwandeln konnten. In einem Dorf am Meer lebten die „Lachsleute": In diesem Dorf nahmen getötete Lachse menschliche Gestalt an – aber nur, wenn die Menschen, die die Lachse gefangen und gegessen hatten, Gräten und Augen der Fische wieder ins Wasser zurückwarfen.

Die Kachina-Masken der Hopi

Die Hopi im Südwesten der Vereinigten Staaten glauben an die Kachinas – übernatürliche Wesen, die zwischen Göttern und Menschen vermitteln und den Göttern bestimmte Wünsche der Menschen (zum Beispiel nach Regen oder nach einer reichlichen Ernte) hinterbringen. Diese Götterboten halten sich zwischen der Winter- und Sommersonnenwende unter den Menschen auf, um nach dem Rechten zu sehen, und bestrafen die Menschen auch für Verfehlungen.

Während dieser Zeit werden viele Zeremonien und Rituale zu Ehren der Kachinas veranstaltet. So legen die Hopis beispielsweise Masken und Gewänder bestimmter Kachinas an und führen Kachina-Tänze auf. Diese Kachina-Masken, die aus Holz, Leder oder Baumwolle bestehen und mit Ornamenten verziert sind, können Tiere, Pflanzen, Sterne, Dämonen oder auch Fabelwesen darstellen. Die Kachina-Tänze bestehen aus langsamen,

Verschiedene Kachina-Masken: 1. Dreihorn-Kachina, 2. Skorpion-Kachina,
3. Breitgesicht-Kachina, 4. Heheya-Kachina-Mädchen, 5. Schnee-Kachina,
6. Früher-Morgen-Kachina

rhythmischen, wellenförmigen Bewegungen, die die Rhythmen der Natur
symbolisieren, und bewirken nach dem Glauben der Hopi, dass Regen
kommt und dass die angebauten Feldfrüchte wachsen und gedeihen.

Tiere mit symbolischer Bedeutung
Der Büffel

Der Büffel war die Lebensgrundlage der Prärieindianer und wurde daher sehr ver-
ehrt. Die Indianer lebten vom Büffelfleisch, benutzten gegerbte Büffelhäute als
Winterkleidung und Abdeckung für ihre Tipis, fertigten Taschen und Beutel aus
Büffelleder. Selbst Büffelhaare und -sehnen fanden als Seile, Schnüre und Bogen-
sehnen Verwendung; aus Hörnern und Hufen fertigte man Löffel und Schalen. Der
Büffel war daher für den Prärieindianer ein Symbol für den Überfluss. Vor allem
der weiße Büffel galt als heilig; das Erscheinen eines solchen Büffels wurde als
Zeichen dafür interpretiert, dass die Gebete der Indianer erhört worden waren.

Der Kojote

Der Kojote, der in vielen indianischen Mythen eine Rolle spielt, gilt als hinterhältiger Schelm, der andere hereinlegt – ähnlich wie der Fuchs in unseren Tierfabeln. Er kann jedoch auch als Helfer der Menschen auftreten. Oft vereinigt er beide Eigenschaften in sich: So stiehlt beispielsweise im Schöpfungsmythos der Navajo ein Kojote dem schlafenden Feuergott das Feuer und bringt es den Menschen.

Das Stinktier

Das Stinktier (Skunk) galt bei den Hopis als Symbol der Leben spendenden Sonne, weil sein Gestank ebenso durchdringend ist wie Sonnenstrahlen.

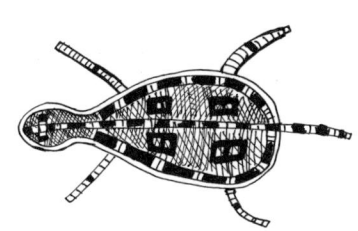

Die Schildkröte

Bei den Sioux, den Algonkin und den Irokesen gilt die Schildkröte als Erdträger: Sicher ruht der Erdball auf ihrem breiten Rücken. Daher hat sie auch einen engen Bezug zu allem, was mit Geburt und Kindern zu tun hat. Bei der Geburt hat sie die Aufgabe, das Baby wohlbehalten in die Welt hineinzuführen. Die Schildkröte dient häufig als Verzierung für Wiegenbretter.

Adler

Da der Adler von allen Vögeln am höchsten fliegen kann, galt er den Indianern als Verkörperung göttlicher Kraft oder auch als Vermittler zwischen Gott und den Menschen. Außerdem symbolisierte er Kraft, Stolz und Ausdauer. Für Indianer ist es eine große Heldentat, einen Adler zu töten und sich mit seinen Federn zu schmücken. Viele Stämme glaubten, dass die Seele des Adlers dadurch auf den Indianer überging und in ihm weiterlebte. Der Adler ist ein häufiges Motiv in Dekorationen von Zelten, Schilden und anderen Gegenständen. Die Indianer veranstalteten auch Zeremonien und Tänze zu Ehren des Adlers und der Eigenschaften, die er verkörperte.

Religiöse Symbole

Die asiatischen Religionen

Der Hinduismus: Einheit in der Vielfalt

Die Weltreligion des Hinduismus ist keine einheitliche Religion mit bestimmten Glaubensvorstellungen oder Dogmen, sondern eher ein Sammelbegriff für eine Vielfalt religiöser Systeme, die auf indischem Boden entstanden sind. Der Hinduismus, dessen Beginn etwa um 400 v. Chr. anzusetzen ist, griff Einflüsse der vorangegangenen Religionen des Vedismus und Brahmanismus auf und entwickelte sie weiter. Daher ist es für ein Verständnis des Hinduismus hilfreich, sich erst einmal kurz mit diesen beiden Religionen zu beschäftigen.

Zwischen 1800 und 1600 v. Chr. drangen nomadische indoiranische Völker aus Nordwesten ins Indusgebiet ein und zerstörten die Kultur der dort ansässigen Dravidas. Die hellhäutigen Einwanderer bezeichneten sich selbst als „Arier" (Edle) und machten die dunkelhäutigen Dravidas, die sie unterworfen hatten, zu Sklaven und Leibeigenen. So gab es zusätzlich zu den bei den Ariern bereits existierenden drei Ständen der Krieger, Priester (brahmanas) und Bürger nun auch noch die Gruppe der unterworfenen, besitzlosen Dravidas. Diese Ständegliederung ist der Ursprung des Kastensystems, das in Indien bis heute existiert.

In der Religion, die die arischen Einwanderer mitbrachten, gab es viele verschiedene Götter; vor allem Naturgottheiten (Devas) wie beispielsweise der Gewittergott Indra und der Feuergott Agni spielten eine wichtige Rolle. Diese Götter vermochten den Menschen zu reicher Ernte, Vermögen, Sieg und anderen positiven Dingen zu verhelfen, brauchten aber andererseits deren Opfergaben (meist Vieh, Getreide und andere Lebensmittel), die ihnen Kraft verliehen. Da die heiligen Schriften dieser Religion die zwischen 1500 und 1000 v. Chr. entstandenen Veden waren, bezeichnet man sie auch als Vedismus.

Auf den Vedismus folgte der Brahmanismus, der 500 Jahre lang (von 900 bis 400 v. Chr.) die beherrschende indische Religion blieb. Die Arier hatten sich mittlerweile von einem kriegerischen, nomadischen zu einem sesshaften Volk entwickelt, für dessen Schicksal es sehr wichtig war, dass die für die Ernte und das Vieh notwendigen Regenfälle regelmäßig eintraten. Daher wurden Opfergaben an die Götter (und die dafür verantwortlichen Priester, die Brahmanen) immer wichtiger; sie stiegen zur obersten Kaste auf, während die Krieger zur zweitwichtigsten Kaste absanken. Und die Brahmanen bauten ihre führende Stellung noch weiter aus, indem sie die

Götter immer mehr „abwerteten": Sie erklärten jetzt, dass die Götter ohne die Opferrituale der Menschen – und damit auch ohne die Brahmanen – praktisch machtlos seien.

Brahman und Atman

Das Wort „Brahman", das in der vedischen Religion noch ein Zauberspruch beim Opfer gewesen war, wurde nun zum abstrakten Begriff: Man bezeichnete damit jetzt den Urgrund alles Seins, aus dem sämtliche Lebewesen und Dinge hervorgehen, das All-Eine, das hinter der Vielfalt der Erscheinungen steht und sie hervorbringt. Das menschliche Gegenstück dazu bildete „Atman", die menschliche Einzelseele, die in ihrem tiefsten Inneren mit dem göttlichen Urprinzip Brahman identisch ist.

Um zu dieser Erkenntnis zu kommen und damit Erlösung (Moksha) zu erlangen, sind jedoch in der Regel viele irdische Existenzen notwendig. Mit diesem Glauben an die Seelenwanderung verband sich in den Upanishaden (den religiösen Schriften des Brahmanismus) die Vorstellung vom Karma, dem Gesetz der Vergeltung: Durch gute Taten konnte man bewirken, dass man in seiner nächsten Existenz ein besseres Leben hatte und in eine höhere Kaste hineingeboren wurde; durch schlechte Taten erreichte man das Gegenteil. Erst wenn alle Taten eines Menschen vergolten waren und daher kein neues Karma mehr entstehen konnte, war der Mensch aus dem leidvollen Kreislauf von Geburt und Tod (Samsara) befreit.

Innerhalb des Hinduismus, der sich aus dem Brahmanismus entwickelte und in vielerlei Hinsicht von ihm geprägt war, gibt es mehrere verschiedene, sich teilweise sogar widersprechende religiöse Richtungen. Das heißt: Diese drittgrößte Weltreligion nach dem Christentum und dem Islam ist eigentlich gar keine einheitliche Religion, sondern umfasst die äußerst vielfältigen Lebens- und Glaubensformen der heutigen Inder. Nur einige Dinge haben alle Hinduisten miteinander gemein: das Bekenntnis zum Kastensystem und zur Seelenwanderungslehre und die Sehnsucht nach Erlösung aus dem Kreislauf von Geburt und Tod.

Am ehesten mit dem Brahmanismus verwandt ist die monistische Schule des Hinduismus, die den Glauben an die Identität und letztendliche Einheit von Brahman und Atman aus dem Brahmanismus übernahm und die Welt der Erscheinungen lediglich als Illusion (Maya) betrachtet. Daneben bildeten sich aber auch verschiedene theistische Richtungen des Hinduismus heraus, die einen oder mehrere Götter verehren.

Die wichtigsten Gottheiten des Hinduismus sind Brahma, der Weltschöpfer, Vishnu, der Welterhalter, und Shiva, der Weltzerstörer und -erneuerer. Parallel dazu gibt es drei weibliche Gottheiten, die den männlichen Göttern zur Seite gestellt sind und als deren Shaktis (Gefährtinnen oder „Gattinnen") bezeichnet werden: Lakshmi ist die Gefährtin Brahmas und steht für das Prinzip der Schöpfung; Sarasvati als Gefährtin Vishnus steht für das Prinzip der Erhaltung; Kali, Durga, Parvati bzw. Devi (diese Göttin hat verschiedene Namen und verschiedene Gesichter) repräsentieren als Gefährtinnen Shivas Zerstörung und Erneuerung. Dementsprechend haben sich im Hinduismus drei verschiedene theistische Richtungen herausgebildet: der Vishnuismus, der Shivaismus und der Shaktismus.

Vishnu, der Hüter der Weltordnung

Der Vishnuismus ist die Verehrung des Gottes Vishnu (Wischnu), der sich als Hüter des Dharma (d. h. der gesetzlichen Ordnung des Universums und Grundlage der menschlichen Moral) immer dann auf der Welt inkarniert, wenn das Böse dort überhand zu nehmen droht. In seinen verschiedenen Inkarnationen (Avataras) stellt er Recht und Ordnung wieder her und zeigt den Menschen neue Wege zur Weiterentwicklung. Im Gegensatz zu Shiva ist Vishnu ein überwiegend gütiger und wohlwollender Gott.

Zu seinen Symbolen gehören seine Reittiere: der mythische Vogel Garuda (halb Mensch, halb Adler) und die Schlange ohne Ende (Ananta), ein Symbol für die Ewigkeit und den Kreislauf der Erscheinungen. Vishnu wird meist vierhändig dargestellt und trägt häufig eine Schnecke (als Sinnbild für Schöpfung und Vergänglichkeit), eine Lotosblume (als Symbol der Schöpfung und der Reinheit), ein Rad (als Sinnbild für das Rad des Lebens) und eine Keule (als Symbol seiner Autorität) in den Händen.

Darstellung Vishnus mit der Schlange Ananta

Krishna, die Verkörperung der göttlichen Liebe

Viele Vishnuiten verehren nicht den Gott Vishnu selbst, sondern eine seiner Inkarnationen (Avataras). Die bekannteste und beliebteste Inkarnation Vishnus ist Krishna, um den sich viele Fabeln und Legenden ranken – die Verkörperung der göttlichen Liebe. Der Krishna-Kult, der oft ziemlich ekstatische Formen annimmt, spielt in Indien eine wichtige Rolle.

Die Liebe zwischen Krishna und den Hirtenmädchen (Gopis) – ein Symbol für die Liebe zwischen der menschlichen Seele und Gott

Der Legende nach wurde Krishna als Sohn von Vasudeva und Devaki (der Schwester des Königs Kamsa) geboren. Kamsa war vorausgesagt worden, dass ein Sohn Devakis ihn töten würde; daher trachtete er Krishna nach dem Leben. Um ihn zu schützen, übergaben seine Eltern ihn der Obhut des Kuhhirten Nanda, bei dem er aufwuchs und später als junger Mann zum Liebhaber der Gopis (Hirtenmädchen) wurde, die er mit dem Klang seiner Flöte dazu verführte, mit ihm im Wald zu tanzen. Viele Gemälde zeigen ihn beim Liebesspiel mit den Gopis, vor allem mit seinem Lieblings-Hirtenmädchen Radha. Die Beziehung zwischen Krishna und den Gopis gilt als Symbol für die Liebe zwischen der menschlichen Seele und Gott.

Das Lingam, hier mit dem Gesicht des Gottes Shiva abgebildet

Shiva, der Weltzerstörer und -erneuerer

Auch in der Verehrung Shivas (Shivaismus) und der Verehrung Shaktis (Shaktismus) spielt Sexualität als Symbol für das Göttliche eine wichtige Rolle. Shiva (oder Schiwa) ist nicht nur der Weltzerstörer, sondern gleichzeitig auch der große Welterneuerer – denn ohne Zerstörung des Alten kann nichts Neues entstehen. Dieser Gott bringt zu Beginn einer jeden Weltperiode alles Leben hervor und zerstört es an deren

Ende wieder; er ist also nicht nur eine destruktive, sondern auch eine positive Kraft – Symbol des ewigen Kreislaufs von Werden und Vergehen.

Wichtige Symbole Shivas, die in keinem seiner Tempel fehlen, sind sein Reittier Nandi, ein weißer Stier, und das Lingam oder Linga – eine Steinsäule in Form eines Phallus als Symbol für Zeugungskraft und Fruchtbarkeit und (im weiteren Sinn) für das männliche Prinzip. Das Lingam wird häufig in Vereinigung mit der Yoni, einem schalenähnlichen Sockel (als Symbol für den Mutterschoß und das weibliche Prinzip) dargestellt und von den Anhängern des Shivaismus verehrt. Beide – Yoni und Lingam – erzeugen zusammen das Leben; daher ist die sexuelle Vereinigung ein Symbol für den Schöpfungsakt und für die Aufhebung der Polarität der Geschlechter, die Rückkehr zur Einheit. Oft wird das Lingam auch durch ein nach oben gerichtetes und die Yoni durch ein nach unten gerichtetes Dreieck symbolisiert.)

Shiva ist aber nicht nur der große Zerstörer und Erneuerer, sondern gleichzeitig auch ein Yogin und Asket; daher spielen Askese, Yoga-Übungen und Meditation im Leben seiner Verehrer eine wichtige Rolle. Ihr Bekenntniszeichen ist ein Stirnmal aus drei waagerechten Strichen – ein Symbol für das dritte Auge (Stirnchakra) Shivas. Andere Stirnmale der Shivaisten sind ein mit der Spitze nach oben zeigendes Dreieck als Sinnbild für das männliche Prinzip und das Element Feuer und zwei zu einem Sechseck verbundene Dreiecke als Symbol für die Vereinigung von männlichem und weiblichem Prinzip.

Mit der Spitze nach unten zeigendes Dreieck als Symbol für den Mutterschoß (Yoni). Das kleinere Dreieck in der Mitte steht für das befruchtete Ei.

Shakti

Die dritte große Richtung der Gottesverehrung im modernen Hinduismus ist der Shaktismus – die Verehrung der Gemahlin Shivas, die als Shakti, Kali, Parvati oder Durga bezeichnet und oft in sexueller Vereinigung mit Shiva dargestellt wird. Für die Shaktas (die Verehrer Shaktis) personifiziert diese Göttin die Schöpferkraft, die alles Leben hervorbringt. Die Symbolik der Shaktas ist – ähnlich wie die der Shivaisten – vorwiegend sexueller Natur. Wie die Shivaisten verehren sie Yoni und Lingam und bedienen sich sexueller Praktiken, wie sie im Kamasutra (einem altindischen Lehrbuch der Liebeskunst) beschrieben sind, um zur Erlösung zu gelangen: Der Beischlaf ist für sie etwas Heiliges.

Lotosblume und Schlange: wichtige Yoga-Symbole

Eine andere hinduistische Schule ist das in den Yogasutras des Patanjali entwickelte klassische Yoga. Das System des Yoga geht von zwei Prinzipien – Seele (Purusha) und Materie (Prakriti) – aus und glaubt, dass die Seele durch ihre Verbindung mit der Materie daran gehindert wird, ihr wahres Wesen zu erkennen. Durch die Yoga-Praktiken soll sie sich von der Materie und der Illusion der Welt befreien und einen Zustand reinen Bewusstseins erlangen. Das ist für die Yogis Moksha – die Erlösung.

Der von Patanjali gelehrte klassische Yoga-Weg umfasst acht Stufen. Die ersten Stufen konzentrieren sich in erster Linie auf Körperübungen wie beispielsweise die richtige Sitz- und Körperhaltung (Asana) für die Meditation und auf Atemübungen. Dann lernt man, seine Sinne unempfindlich für Außenreize zu machen und sich zu konzentrieren; und schließlich folgt als siebte Stufe die Meditation oder Versenkung. Dabei muss man sein Denken zum Schweigen bringen und sich ganz auf das Objekt seiner Meditation konzentrieren. Die achte und höchste Stufe ist „Samadhi", die Erleuchtung, bei der der Yogin völlig in dem Objekt aufgeht, über das er meditiert, und dadurch einen Bewusstseinszustand der Einheit erreicht.

Eine besondere Form des Yoga ist das Kundalini-Yoga (auch Tantra-Yoga genannt), das von der Existenz bestimmter Chakras oder Energiezentren entlang der Wirbelsäule des Menschen ausgeht. Chakra bedeutet auf Sanskrit „Rad, Kreis"; damit sind die Zentren feinstofflicher Energie im Energieleib (Astralkörper) des Menschen gemeint. Diese Chakras werden in Beschreibungen und Abbildungen als Lotosblüten dargestellt, die sich in kreisender Bewegung befinden, sodass der Eindruck eines Rades entsteht. Diese Lotosblüten haben unterschiedlich viele Blätter; die Anzahl der Blütenblätter steht symbolisch für die Anzahl der Nadis (Energiekanäle), die von dem betreffenden Chakra ausgehen. Durch diese Energiekanäle wird die Lebensenergie (Prana) zu allen Körperteilen hingeleitet.

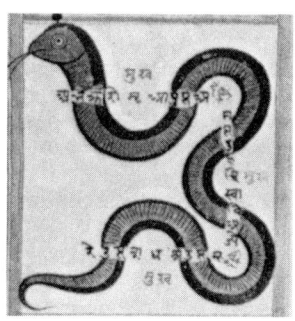

Darstellung der Schlange (Kundalini) als Symbol spiritueller Energie

Das Kundalini-Yoga kennt sieben Hauptchakras, die alle an der Sushumna (dem durch die

Wirbelsäule aufsteigenden Hauptkanal feinstofflicher Energie) liegen. Jedem dieser Chakras werden ganz bestimmte geistige und körperliche Eigenschaften zugeschrieben und bestimmte heilige Silben (Mantras), Gottheiten, symbolische Formen und Tiersymbole zugeordnet. Durch Yoga-Übungen und das Rezitieren der Mantras kann man diese Chakras aktivieren.

Das System des Kundalini-Yoga geht davon aus, dass sich im untersten Chakra am unteren Ende der Wirbelsäule des Menschen eine spirituelle Energie befindet, die jedoch „schläft" und erst erweckt werden muss. Diese Kundalini-Energie oder Kundalini-Kraft (Kundalini ist das Sanskrit-Wort für „Schlange") wird durch eine Schlange symbolisiert, die aufgerollt im untersten Chakra ruht und, wenn sie erweckt wird, nacheinander durch die verschiedenen Chakras aufsteigt, bis sie das höchste Chakra erreicht hat. Jedes dieser Chakras beschert dem Yogi, wenn es durch die Kundalini-Kraft aktiviert wird, neue spirituelle Erkenntnisse, Visionen und Fähigkeiten, bis er schließlich durch Aktivierung des obersten Chakras zur Erleuchtung gelangt.

Die einzelnen Chakras und ihre Symbole

Das erste Chakra (Muladhara-Chakra oder Wurzel-Chakra), das am unteren Ende der Wirbelsäule zwischen dem After und der Wurzel des Zeugungsorgans liegt, beherrscht die Geschlechts- und Ausscheidungsorgane. Es wird durch eine vierblättrige rote Lotosblüte dargestellt. Sein Tiersymbol ist ein Elefant mit sieben Rüsseln, seine symbolische Form das Quadrat.

Das zweite Chakra (Svadhishthana-Chakra, in der Esoterik oft als Sexual-Chakra bezeichnet) im Bereich der Geschlechtsorgane beherrscht die Ausscheidungs- und Fortpflanzungsorgane und wird durch eine sechsblättrige zinnoberrote Lotosblüte dargestellt. Sein Tiersymbol ist das Krokodil, seine symbolische Form der Halbmond.

Das dritte Chakra (Manipura- oder Nabel-Chakra, oft auch als Solarplexus bezeichnet) liegt in der Nabelgegend und beherrscht Leber und Magen. Es wird durch eine zehnblättrige bläuliche Lotosblüte dargestellt; sein Tiersymbol ist der Widder, seine symbolische Form das Dreieck.

Das vierte Chakra (Anahata- oder Herz-Chakra) liegt in der Herzgegend und beherrscht das Herz. Es wird als zwölfblättrige scharlachrote Lotosblüte dargestellt; sein Tiersymbol ist die Gazelle, seine Form das Hexagramm.

Das fünfte Chakra (Vishuddha-, Hals- oder Kehl-Chakra), das die Kehlregion beherrscht, ist eine sechzehnblättrige Lotosblüte mit dunkelpurpurnen Blütenblättern. Sein Tiersymbol ist ein Elefant mit sechs Stoßzähnen, seine symbolische Form der Kreis.

Das sechste Chakra (Ajna-Chakra oder Stirn-Chakra, in westlichen esoterischen Systemen häufig als „Drittes Auge" bezeichnet) liegt zwischen den Augenbrauen, wird als zweiblättrige weiße Lotosblüte dargestellt und gilt als Sitz des Bewusstseins.

Das siebte Chakra (Sahasrara-Chakra, Scheitel- oder Kronen-Chakra) befindet sich als einziges außerhalb unseres Körpers: Es liegt über dem Scheitelpunkt des Kopfes. Dieser Lotos strahlt so hell wie zehn Millionen Sonnen und hat tausend Blütenblätter – so viele Energiekanäle gehen von ihm aus. Dieses Chakra gilt als Behausung des Gottes Shiva und entspricht dem kosmischen Bewusstsein. Sein Mantra ist die heilige Silbe OM. Wem es gelingt, seine Kundalini-Energie bis zu diesem Chakra aufsteigen zu lassen, der erlangt Erleuchtung und höchste Glückseligkeit.

Dieses System der Chakras ist zwar im Hinduismus entstanden, ist aber auch im Buddhismus und in unserer westlichen Esoterik von Bedeutung.

Mantras

Ritual und Meditation haben im Leben der Hindus einen festen Platz. So finden beispielsweise regelmäßig Andachten und Opferungen für die Götter statt. Außerdem rezitieren die Hindus heilige Silben und Verse (Mantras), die von symbolischen Hand- und Fingerstellungen (Mudras) begleitet werden, und konzentrieren sich in der Meditation auf symbolträchtige Diagramme (Mandalas oder Yantras).

Mantras (die auch im Buddhismus eine wichtige Rolle spielen) sind heilige Silben, Wörter, Götternamen oder Verse, denen nach dem Glauben der Hindus eine besondere spirituelle Kraft innewohnt. Eine beliebte Form der Meditation ist die ständige Wiederholung solcher Mantras, die ebenso wie die

Links: die sieben Hauptchakras

Das Zeichen für die hei-
lige Silbe OM

dazugehörigen Mudras als Hilfsmittel zur Kon-
zentration dienen.

Das wichtigste und heiligste Mantra ist die
Silbe „OM" („AUM"), die entsteht, wenn man
beim Ausatmen den Laut „a-u-m" von sich gibt.
Mit dieser heiligen Silbe wird der Gott Shiva
angerufen; außerdem steht sie am Anfang der
meisten Gebete der Hindus. Sie wird unterschiedlich gedeutet – beispielsweise als Anfangs-
buchstaben der drei vedischen Gottheiten Agni,
Varuna und Marut oder als Endbuchstaben von
Brahma, Vishnu und Shivam.

Yantras und Mandalas

Mandalas und Yantras sind mystische Diagramme aus Quadraten, Kreisen
und anderen Figuren, die Symbole bestimmter Aspekte des Göttlichen
oder kosmischer Kräfte sind und unter anderem als Visualisationshilfen bei
der Meditation benutzt werden. Im Gegensatz zum hinduistischen Yantra,
das auch bei Opferhandlungen, Riten und Beschwörungszeremonien zum
Einsatz kommt, ist das Mandala – seine buddhistische Entsprechung – stets
kreisförmig. Mandalas spielen im Lamaismus (der tibetischen Ausformung
des Buddhismus) eine besonders wichtige Rolle; dort sind oft sogar Klöster
nach dem Grundriss eines Mandalas gebaut.

Am bekanntesten ist das Shri-Yantra. Es besteht aus neun einander durch-
dringenden Dreiecken, umrahmt von stilisierten Lotosblütenblättern und
konzentrischen Kreisen; den äußersten Rahmen bildet ein Viereck. Die
ineinander verflochtenen Dreiecke symbolisieren die Vereinigung von
Shakti und Shiva; der Kreis außen herum versinnbildlicht die Einheit allen
Lebens trotz der Vielfalt seiner Formen und Erschei-
nungen. Der Mittelpunkt all dieser Dreiecke (und
gleichzeitig das Zentrum des Diagramms) steht für
das undifferenzierte Brahman, von dem alle verschiedenen Formen und Erscheinungen ausgehen.
Gleichzeitig kann die Mitte des Diagramms auch als
Herzmitte des Meditierenden gedeutet werden, der
in seinem innersten Wesen mit Brahman eins ist.

Das Shri-Yantra

Buddha – der „Erleuchtete"

Die Weltreligion des Buddhismus entstand im 6. Jahrhundert v. Chr. als Gegenbewegung gegen die zunehmende Veräußerlichung der brahmanischen Religion, das Kastensystem und die Vorherrschaft der Priesterkaste, die die Götter immer mehr zu ihren machtlosen Werkzeugen degradierte. Benannt ist sie nach dem Ehrentitel ihres Stifters Siddhartha Gautama: Buddha ist ein Sanskrit-Wort und bedeutet so viel wie „der Erwachte" oder „der Erleuchtete".

Siddhartha Gautama Buddha (560–480 v. Chr.) stammte aus einer adligen indischen Familie im heutigen Nepal und wuchs in Reichtum und Luxus auf. Ein Schlüsselerlebnis im Alter von 29 Jahren bewog ihn jedoch, das alles aufzugeben und ein Leben der Enthaltsamkeit zu führen: Der Legende zufolge hatten Wahrsager schon bei seiner Geburt prophezeit, dass vier Zeichen ihn auf den für ihn bestimmten Weg eines „Erwachten" führen würden. Bei vier Ausfahrten erblickte er als junger Mann dann tatsächlich diese Zeichen: einen Alten, einen Kranken, einen Toten und einen Mönch. Die drei ersten Erlebnisse öffneten ihm die Augen für die Vergänglichkeit des Lebens und das Leid in der Welt, während der Mönch für ihn zum Symbol seiner eigenen Bestimmung wurde.

Buddha verließ seine Familie und führte jahrelang ein Leben in strenger Askese bei verschiedenen Meistern, das ihn jedoch nicht weiterbrachte. Erst als er zu meditieren begann, wurde ihm unter einem Bodhi-Baum (einer Art Feigenbaum) die Erleuchtung zuteil. Daraufhin begann er seine Lehre zu verkündigen und fand seine ersten Anhänger, mit denen er einen Orden von Bettelmönchen gründete und lehrend durch die Lande zog.

Buddha übernahm einige Elemente aus der Religion des Hinduismus – beispielsweise die Lehre von der Wiedergeburt und vom Karma. Die Idee von der Identität von Brahman und Atman, durch deren Erkenntnis der Mensch zur Erlösung gelangen soll, ersetzte er jedoch durch die Vorstellung vom Nirwana (ein Sanskrit-Wort, das so viel wie „Verlöschen" bedeutet) – Auslöschung der drei Grundübel Hass, Begierde und Verblendung. Wer ins Nirwana eingeht, der hat sein Karma überwunden und ist vom Kreislauf der Wiedergeburten befreit, muss also künftig nicht mehr auf die Erde geboren werden.

Die vier edlen Wahrheiten und der achtfache Pfad

Die wichtigsten seiner Lehren verkündete Buddha in seiner ersten Predigt von den „vier edlen Wahrheiten". Die erste Wahrheit lautet: Alles Leben bedeutet Leiden. Die Ursache dieses Leidens liegt – das verrät uns die „zweite edle Wahrheit" – im „Durst", in der Lebensgier und Sinnenlust. Diesen Durst müssen wir in uns zum Erlöschen bringen: Das heißt, wir müssen alle Leidenschaften und Begierden in uns abtöten. Dieses Gebot ist die „dritte edle Wahrheit"; und wie man es erreichen kann, davon spricht die „vierte edle Wahrheit". Sie zeigt uns den „edlen achtfachen Pfad", der zur Aufhebung der Ursache des Leidens führt: Erkenntnis der vier edlen Wahrheiten; Entschluss zu Entsagung und Gewaltlosigkeit bzw. Nicht-Schädigung anderer Lebewesen (Ahimsa); vollkommene Rede (d. h. Vermeidung von Lügen und übler Nachrede), vollkommenes Handeln, vollkommener Lebenserwerb (d. h. ein Beruf, durch den andere Lebewesen nicht geschädigt werden), vollkommene Anstrengung (d. h. Bemühung um gutes und Vermeidung von schlechtem Karma); vollkommene Achtsamkeit und vollkommene Sammlung (Meditation).

Die Symbolsprache der Buddhisten

Der Buddhismus ist nicht nur in Indien eine wichtige Religion, sondern breitete sich im Lauf der Jahrhunderte auch in vielen anderen asiatischen Ländern wie beispielsweise Tibet, China und Japan aus, wo sich zum Teil verschiedene buddhistische Schulen herausbildeten.

Ebenso wie der Hinduismus besitzt auch die Religion des Buddhismus eine sehr reiche Bildersprache. Das beginnt schon bei den Darstellungen Buddhas: Jede seiner Haltungen (Asanas) hat eine symbolische Bedeutung. Der liegende Buddha versinnbildlicht die Tatsache, dass Buddha ins Nirwana eingegangen ist und niemals mehr auf die Erde wiedergeboren werden wird. In China wird Buddha häufig mit dickem Bauch und breitem, glückseligem Lachen dargestellt: Das Lachen symbolisiert seine innere Gelassenheit, während der dicke Bauch des „lachenden Buddha" für das chinesische Lebensideal des Reichtums steht. Oft ist er auch noch von einer Kinderschar umgeben – einem Symbol für seine Kinderliebe, die in China als große Tugend gilt.

Die Mudras

Daneben wird Buddha auch häufig mit verschiedenen symbolischen Hand- und Fingerstellungen (Mudras) dargestellt, die einzelne Aspekte

Buddhas und seiner Lehre symbolisieren und helfen sollen, bestimmte Bewusstseinszustände zu erreichen.

Dhyani-Mudra

Beim Dhyani-Mudra ruhen die Hände im Schoß. Der Rücken der rechten Hand liegt auf der Handfläche der linken, und zwar so, dass sich die Spitzen der beiden Daumen leicht berühren. Die oben liegende rechte Hand versinnbildlicht den Zustand der Erleuchtung; die unten liegende linke Hand steht für die Welt der Erscheinungen. Diese Geste ist ein Symbol für die Erleuchtung und die Überwindung der Erscheinungswelt.

Vitarka-Mudra

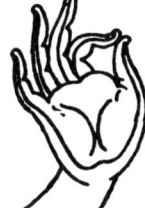

Beim Vitarka-Mudra (der Geste der Lehre) zeigen beide Handflächen nach vorn – die rechte nach oben, die linke nach unten. Daumen und Zeigefinger jeder Hand bilden einen Kreis. Die rechte Hand wird in Schulterhöhe, die linke in Hüfthöhe gehalten.

Bhumisparsha-Mudra

Die linke Hand liegt im Schoß, wobei die Handfläche nach oben weist, oder umfasst eine Almosenschale; die rechte Hand hängt herab, und zwar mit dem Handrücken nach vorn. Diese Geste ist ein Symbol der Unerschütterlichkeit.

Abhaya-Mudra

Bei diesem Mudra wird die rechte Hand auf Schulterhöhe gehalten; die Finger sind gestreckt, und die Handfläche zeigt nach vorn. Das ist die Geste Buddhas, unmittelbar nachdem er die Erleuchtung erlangt hat.

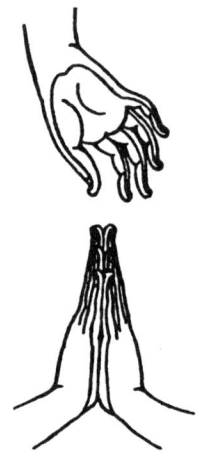

Varada-Mudra

Die rechte Hand zeigt nach unten, und zwar mit der Handfläche nach vorn. Manchmal berühen sich Daumen und Zeigefinger. Dieses Mudra ist ein Symbol für die Anrufung des Himmels als Zeuge seiner Buddhaschaft.

Anjali-Mudra

Bei diesem Mudra werden die Handflächen vor der Brust aneinandergelegt: die in Indien übliche Grußgeste und gleichzeitig Symbol für das Absolute, das wahre Wesen oder die Buddha-Natur aller Dinge (Tathata).

Das Rad der Lehre und des Lebens

Ein Symbol, das im Zusammenhang mit dem Buddhismus häufig auftaucht, ist das Rad (Chakra). Damit ist manchmal das Rad des Lebens (Bhava Chakra) – der endlose Kreislauf von Tod und Wiedergeburt –, häufiger jedoch das Rad der Lehre (Dharma-Chakra) gemeint, welches Buddha mit seiner ersten Predigt von den vier edlen Wahrheiten in Gang setzte. Manchmal wird das Rad mit zwei seitlich davon liegenden Gazellen dargestellt – ein Hinweis darauf, dass Buddha diese Predigt im Gazellenhain bei Benares hielt. Die acht Speichen des Rades stehen für den achtfachen Pfad, der zur Erleuchtung führt.

Das Rad der Lehre   Rad und Triratna-Symbol

Das Rad wird häufig mit einem zweiten Symbol kombiniert: dem Triratna-Symbol – einem dreispitzigen Ornament, dessen Spitzen den Buddha, die Lehre und die Gemeinde symbolisieren. (Triratna bedeutet so viel wie „drei Edelsteine").

Stupas und Pagoden

Weitere wichtige buddhistische Symbole sind die Stupas – ursprünglich Grabmale, in denen die sterblichen Überreste und Reliquien Buddhas und anderer Heiliger beigesetzt wurden. Später wurden sie auch an anderen Stellen errichtet, wo sie zum Teil heilige Texte, Bildwerke und anderes beherbergen. Sie sind Symbole für Buddhas Eintritt ins Nirwana und die Möglichkeit der Erleuchtung. Buddhisten verehren die Stupas, weil sie glauben, dass Buddha dort anwesend ist.

In China, Japan und Korea entwickelte der Stupa sich zur Pagode weiter, einem mehrstöckigen Stein-, Ziegel- oder Holzbau mit vorspringenden Dächern. Auch die Pagode dient der Aufbewahrung von Reliquien oder ist Grabmal berühmter buddhistischer Meister.

Bodhi-Baum, Lotosblume und Almosenschale

Der Bodhi-Baum ist für die Buddhisten ebenfalls ein Symbol der Erleuchtung, da Buddha während der Meditation unter diesem Baum zur Erleuchtung gelangte. Oft wird er zum Gedenken an dieses Ereignis in buddhistischen Klosteranlagen angepflanzt.

Die Lotosblume, der wir schon im Hinduismus als Sinnbild der Schöpfung, der Reinheit und der Chakras begegnet sind, ist eines der wichtigsten Symbole asiatischer Religionen. Auch im Buddhismus spielt sie eine wichtige Rolle: Die Lotosblume, die im Sumpf wächst und dennoch als makellos reine Blüte aus dem sumpfigen Gewässer aufsteigt, ist ein Sinnbild für die hohen Ziele des Menschen und die Möglichkeit der Erleuchtung – auch der Mensch kann sich aus dem Schlamm der Erscheinungswelt erheben und seine Buddhanatur erkennen. Gleichzeitig ist die Lotosblume ein Weltsymbol. Buddha und andere Heilige werden häufig auf einem Lotosthron sitzend dargestellt.

Oft hält Buddha eine Almosenschale in der Hand – ein Symbol für das Leben als Bettelmönch, das er nach seiner Erlösung führte.

Wardhamana, der Stifter
des Jainismus, umgeben
von sechs jainistischen
Glückssymbolen: Spiegel,
Thron, Vase und Kanne
(oben), Fisch und Haken-
kreuz (unten).

Das Symbol des Jainismus

Das Symbol der Sikhs

Jainismus

Der Jainismus (Dschainismus), der in Indien
etwa 2,6 Millionen Anhänger hat, entstand um
dieselbe Zeit wie der Buddhismus, und zwar
ebenfalls als Gegenbewegung zum Brahmanismus. Ihr Stifter war der um 477 v. Chr. gestor-
bene, dem indischen Kriegeradel entstammende
Wardhamana. Der Dschainismus lehrt Meditation
und strenge Askese als Voraussetzung dafür, dass
der Mensch sein Karma aufheben und zur Erlösung gelangen kann. Oberstes Gebot ist es, kein
lebendes Wesen zu töten.

Das wichtigste Symbol des Jainismus ist das
Hakenkreuz, ein Sinnbild der vier Daseinsstufen,
in die eine Seele hineingeboren werden kann:
Götterwelt (oben), Unterwelt (unten), Menschenwelt (links) und Tierwelt (rechts). Die drei
Punkte über dem Hakenkreuz sind Sinnbilder
für das rechte Wissen, den rechten Glauben und
den rechten Lebenswandel; die Mondsichel
(ganz oben) ist ein Erlösungszeichen.

Wurfscheibe und Schwert:
Symbole der Sikhs

Die Sikh-Religion (Sikhismus) wurde von Nanak
(1469–1539 n. Chr.) gestiftet, der Hindus und
Muslime in der bilderfreien Verehrung eines
monotheistischen Gottes zu einen versuchte.
Unter seinen neun Nachfolgern, die als Gurus
(„Lehrer") bezeichnet werden, breitete der
Sikhismus sich im ganzen Pandschab aus. Wie
Hinduisten und Buddhisten glauben die Sikhs an
Karma und den Kreislauf der Wiedergeburt, aus
dem man sich durch Gottesliebe (Bhakti) erlösen
kann; sie lehnen jedoch das Kastensystem ab
und leben in einer militärisch organisierten
Gemeinschaft.

In Indien gibt es über 10 Millionen Sikhs, für die 1966 ein eigener indischer Bundesstaat (Punjab) geschaffen wurde. Äußeres Zeichen der Sikhs sind Bart, lange Haartracht und Turban. In ihrem kriegerischen Symbol – zwei Krummschwerter, die eine Wurfscheibe und ein zweischneidiges Kurzschwert umrahmen – spiegeln sich die zahlreichen kriegerischen Auseinandersetzungen mit ihren erbitterten Feinden, den Muslimen, wider.

Shintoismus

In Japan gibt es neben dem Buddhismus auch noch den Shintoismus – eine Religion, in der Naturverehrung und Ahnenkult eine wichtige Rolle spielen. Naturerscheinungen wie Wind, Regen und Schnee sind nach dem Glauben der Shintoisten auf das Wirken höherer Wesen zurückzuführen. Symbol für den Wind ist beispielsweise der goldene Drache, Sinnbild des Sturms ist der wilde Tiger.

Auch das Pferd spielt in der Symbolsprache des Shintoismus eine wichtige Rolle: Da es im alten Japan ein äußerst wertvolles Tier war, opferte man es, wenn man um Regen bitten wollte – früher eine wichtige Voraussetzung für die Existenz der Menschen, da ohne Regen der Reis nicht wachsen konnte. Zu heftige und lange anhaltende Regengüsse wiederum waren aber auch nicht gut, denn sie konnten zur Katastrophe führen. Daher brachte man auch Pferdeopfer dar, wenn der Regen wieder aufhören sollte: Ein schwarzes Pferd wurde als Bitte um Regen geopfert; mit einem weißen Pferd bat man um Sonne, d. h. um das Aufhören des Regens. Später begnügte man sich anstelle des Opfers mit gemalten weißen und schwarzen Pferden als Symbolen für diese Bitte. Solche Pferde findet man häufig auf Votivtafeln in Schreinen, Tempeln und den Häusern der Menschen.

Auch Quellen, Flüsse, Seen, Meere, Berge und Gebirge gelten bei den Shintoisten als etwas Göttliches. So ist beispielsweise der heilige Berg Fuji Wohnsitz der Götter und Symbol der Unsterblichkeit. Auch Bäume haben als Sitz von Geistwesen für die Japaner eine tiefe symbolische Bedeutung. So steht die Kiefer zum Beispiel für ein langes Leben und eine glückliche Ehe; ein blühender Pflaumenbaum ist Symbol des Glücks und der Güte, und die Kirschblüte verkörpert Reinheit und Schönheit. Unter den Tieren werden vor allem Kranich, Reiher und Schildkröte verehrt. Kranich und Reiher symbolisieren Erhabenheit und himmlische Schönheit; außerdem steht der Kranich ebenso wie die Schildkröte für ein langes Leben.

Verehrt werden im Shintoismus außerdem verschiedene Gottheiten: So

Torii

gibt es beispielsweise den Gott Isanagi und die Göttin Isanami, die Meer, Gebirge und Pflanzen erschaffen haben, die Sonnengöttin Amaterasu (Herrscherin über den Himmel), den Mondgott Tsukijomi (Herrscher über die Nacht), den Sturmgott Susano-o (Herr des Meeres) und Daikoku, den Gott der Fülle und Fruchtbarkeit, der Reichtum und eine gute Ernte bringt.

Nach dem Glauben der Japaner wurde Ninigi, der Enkel Amaterasus, von der Sonnengöttin einst zum Herrscher über Japan ernannt. Er gilt als göttlicher Ahnherr der auch heute noch herrschenden Dynastie. Demnach stammen alle japanischen Kaiser von der Sonnengöttin ab und tragen den Titel Tenno (Himmelsherrscher).

Die Kami (Gottheiten) werden in Schreinen oder Kirchen verehrt; man bringt ihnen Kirschbaumzweige und Speiseopfer dar oder spricht rituelle Gebete. In vielen Shinto-Schreinen sind Spiegel aufgestellt – Symbole für die Lauterkeit des göttlichen Sinns: Er spiegelt alles wider und behält nichts für sich. Ein wichtiges Symbol für die Religion des Shintoismus ist außerdem der Torii, ein vor dem Eingang von Shinto-Schreinen aufgestelltes Portal.

Islam, Bahai und Parsismus

Symbolzeichen des muslimischen
Glaubensbekenntnisses in kalligraphi-
scher Schrift

Kalligraphisches Zeichen des Namens
Allahs (da Gott im Islam nicht bildlich
dargestellt werden darf)

Die Weltreligion des Islam wurde um 610 n. Chr. von dem Propheten
Mohammed gestiftet. Das Wort „Islam" bedeutet so viel wie „Anbetung,
Ergebung, Hingabe an Gott". Basis des islamischen Glaubens ist die Über-
zeugung, dass es nur einen einzigen Gott (Allah) gibt; „Vielgötterei" ist
daher eine Sünde. Gott, der Schöpfer und Erhalter der Welt, ist allwissend,
allmächtig und barmherzig. Beim Jüngsten Gericht wird der Mensch von
Gott zur Rechenschaft gezogen und gelangt entweder ins Paradies oder ins
Höllenfeuer.

Alle Menschen sind verpflichtet, ihr Leben nach dem Willen Gottes zu
führen. Diese gottgewollten Verhaltensweisen sind im Koran niedergelegt.
Rechtes Tun wird im Islam höher bewertet als Rechtgläubigkeit. So muss
ein gläubiger Moslem ganz bestimmte kultische Pflichten erfüllen, die so
genannten Fünf Pfeiler des Islam: das rituelle Gebet, das fünfmal täglich
verrichtet werden muss, das Spenden von Almosen, das Fasten im Monat
Ramadan, die Wallfahrt nach Mekka zur Kaaba (dem Haupteiligtum des
Islam) und das Aussprechen des Glaubensbekenntnisses: „Es gibt keinen
Gott außer Gott, und Mohammed ist sein Gesandter." Der Genuss von
Wein und Schweinefleisch ist gläubigen Moslems verboten.

Symbole des Islam

Viele Symbole des Islam ranken sich um das rituelle Gebet, zu dem der Muezzin die Gläubigen fünfmal am Tag aufruft: Da es im Zustand der Reinheit verrichtet werden muss, wäscht der Muslim sich vorher – ein Symbol der Reinigung, die auch mit Sand ausgeführt werden kann, falls gerade kein Wasser verfügbar ist. Zu diesem Reinigungsakt gehört auch das Ausziehen der Schuhe vor dem Betreten des Gebetsortes. Und da der Ort, an dem man sich zum Gebet niederwirft, sauber sein sollte, breitet der Muslim auf dem Boden einen Gebetsteppich aus. Auf Gebetsteppichen ist häufig der Baum des Lebens als Sinnbild des Aufstiegs und Heils abgebildet. In viele Gebetsteppiche ist auch ein Kompass eingearbeitet, da Moslems sich zum Gebet immer in Richtung Mekka wenden müssen. Beim Beten berührt man mit der Stirn den Boden – ein Symbol der Unterwerfung unter Allah.

Auch die Moschee symbolisiert einen Ort der Reinheit. Einige architektonische Elemente der Moschee haben ebenfalls symbolische Bedeutung: zum Beispiel die Gebetsnische, die nach Mekka gerichtet ist – dem Ursprungsort des Islam und Mittelpunkt der islamischen Welt. Das Licht, das durch den Fensterkranz der Kuppel der Moschee von oben einfällt, steht für die göttliche Erleuchtung. Dementsprechend bedeutet auch das Wort „Minarett" (jener Turm an der Moschee, von dem aus der Muezzin zum Gebet ruft) „Platz, wo Feuer und Licht ist".

Das Tragen des Turbans ist ein Symbol der Zugehörigkeit zur muslimischen Gemeinde; schon Mohammed soll gesagt haben: „Der Unterschied zwischen uns und den Ungläubigen sind die Turbane." Das bekannteste Symbol des Islam aber ist der Halbmond (häufig in Kombination mit einem Stern) – ein Motiv, das uns auf allen Emblemen islamischer Staaten begegnet. In neuerer Zeit wurde es auch zu einem politischen Symbol, das zur Einigung der islamischen (insbesondere arabischen) Länder aufruft.

Da der Glaube an Dämonen im Islam eine wichtige Rolle spielt, tragen Muslime auch verschiedene Amulette, mit denen sie sich vor Dämonen schützen: beispielsweise eine schützende Hand, die Hand der Fatima (Tochter Mohammeds), und Spiegelamulette, deren Aufgabe es ist, die Dämonen abzuwehren, indem

Das Glaubenszeichen des Islam und Bestandteil des Wappens der Türkei: der Halbmond

sie ihnen ihr eigenes Spiegelbild zeigen. Der islamische Rosenkranz dient ähnlich wie der christliche als Gebetshilfe: Jede seiner 99 Perlen symbolisiert einen der „Schönsten Namen" Gottes, deren Rezitieren Segen bringt.

Bahai

Die Bahai-Religion wurde im Jahr 1863 von Mirsa Husain Ali (1817–1892 n. Chr., genannt „Baha Ullah") gegründet, der sich zur Manifestation Gottes erklärte, eine heilige Schrift („Kitab-i Akdas" – „Hochheiliges Buch") hinterließ und seine Lehre auf Reisen unter anderem auch in Europa und Amerika verbreitete.

Diese Religion, die weltweit ungefähr drei Millionen Anhänger hat, geht davon aus, dass Gott sich in verschiedenen Propheten manifestierte, zu denen unter anderen Zarathustra, Mohammed und Jesus gehören. Basis der Bahai-Religion ist das Prinzip der Gleichheit und vorurteilsfreien gegenseitigen Liebe aller Menschen unabhängig von Geschlecht, Rasse und Nationalität. Zu ihren Zielen gehören die Förderung von Erziehung und Frieden, die Einrichtung eines Weltgerichtshofs und die Einführung einer einheitlichen Weltsprache und Einheitsschrift, was der angestrebten Einheit aller Menschen förderlich sein soll.

Die Gläubigen kennen keinen Gottesdienst, versammeln sich aber regelmäßig zu Lesungen aus heiligen Schriften, zu denen auch die Bibel und der Koran gehören – denn die Anhänger der Bahai-Religion glauben daran, dass alle Religionen eine gemeinsame Grundlage haben. Außerdem wird von den Gläubigen verlangt, dasss sie regelmäßig beten, einen Fastenmonat einhalten und auf Alkohol und Drogen verzichten.

Das Symbol der Bahai-Religion wurde aus dem Schriftzug der Gottesanrufung „Ya Baha 'ul-Abha" gebildet. Die drei Querbalken symbolisieren drei verschiedene Seinsebenen: Gottesreich, Offenbarung und Menschenwelt. Der Längsbalken ist ein Symbol für den Baum des Lebens; die Sterne stehen für die beiden Propheten Bab und Baha Ullah.

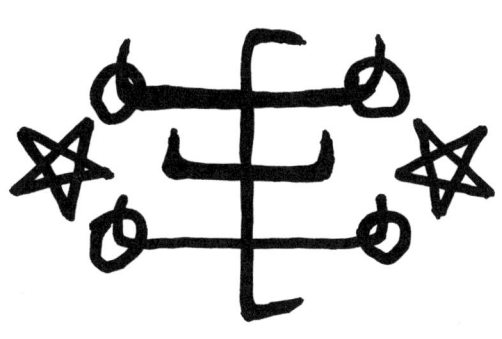

Das Bahai-Symbol

Die zarathustrische Religion (Parsismus)

Die zarathustrische Religion, die heute nur noch in vereinzelten Gemeinden im Iran und bei den Parsen in Indien praktiziert wird, wurde von dem altiranischen Propheten Zarathustra begründet, und zwar wahrscheinlich zu Beginn des sechsten Jahrhunderts v. Chr. Für Zarathustra herrscht in der Welt ein Dualismus zwischen Gut und Böse, verkörpert durch den bösen Geist Ahriman (Ahra Mainyu) und den guten Gott und Weltschöpfer „Ahura-Mazda" (auch „Mazda" genannt), die einander bekämpfen. Der Mensch besitzt einen freien Willen und muss sich zwischen diesen beiden Grundprinzipien des Guten und des Bösen entscheiden. Nach dem Tod kommen die guten Menschen ins Paradies, die bösen Menschen in die Hölle; diejenigen, bei denen gute und böse Taten sich die Waage halten, werden im Zwischenreich (das dem christlichen Fegefeuer entspricht) geläutert, wo sie bis zur Auferstehung bleiben müssen.

Das Symbol des Parsismus: der geflügelte Gott Ahura-Mazda, dessen Oberkörper vom Mond umschlossen wird

Judentum und Kabbala

Symbol für Jahwe (Gott) als Tetragramm („vier Zeichen") JHWH, da Gott im jüdischen Glauben ebenso wie im Islam nicht bildlich dargestellt werden darf

Grundlage der jüdischen Religion ist der Glaube an die Einzigkeit Gottes, der die Welt geschaffen hat, und an die Aufgabe des Menschen, das Gute (Gottes Willen) zu tun. Außerdem glauben Juden ebenso wie Christen an die Auferstehung der Toten und die Vergeltung guter und böser Taten im Jenseits.

Beschneidung und Reinheitsgebote

Rechtes Handeln (Gehorsam gegenüber den Geboten Gottes) spielt in der jüdischen Religion eine wichtigere Rolle als der Glaube. Die Gebote, nach denen ein gläubiger Jude handeln muss, sind in der Thora dargelegt, die 613 Vorschriften (Gottes Anweisungen an das Volk Israel) umfasst. Wichtige Gebote sind beispielsweise die Heiligung des Sabbat und die Beschneidung aller männlichen jüdischen Kinder (die Entfernung der Vorhaut des Penis) am achten Tag nach der Geburt – ein Symbol für die Aufnahme des Kindes in den Bund, den Gott einst mit Abraham schloss.

Außerdem gibt es bestimmte Reinheits- und Speisegebote, die eingehalten werden müssen: Als unrein gilt zum Beispiel die Berührung mit Körperausscheidungen (insbesondere Blut), nach der man sich mit „lebendigem" (nicht stehendem) Wasser reinigen muss. Das rituelle jüdische Tauchbad mit fließendem Wasser (Mikwe) wird unter anderem von Frauen nach der Menstruation und von Männern nach einem Spermaaustritt verlangt. Der Verzehr von Schweinefleisch und von Blut ist verboten; daher müssen Schlachttiere geschächtet werden. Bei dieser rituellen Schlachtmethode durchtrennt der Schächter mit einem

Die Beschneidung, ein Symbol des Bundes, den Gott mit Abraham schloss (Miniatur aus dem 18.Jh.)

Messer Schlagadern, Luft- und Speiseröhre des Schlachttiers, was zu völligem Ausbluten führt.

Davidstern und Judenstern

Das wichtigste Symbol der jüdischen Religion ist der Davidstern, der im Hebräischen „Magen David" („Schild Davids") genannt wird. Er besteht aus zwei ineinandergeschobenen Dreiecken – ursprünglich wohl ein Sinnbild der Vereinigung von Männlichem und Weiblichem bzw. Feuer (männlicher Energie) und Wasser (weiblicher Energie). Der Davidstern war schon in der Antike nationales Abzeichen des jüdischen Königreichs; die jüdische Überlieferung führt ihn bis auf die Zeit Davids und Salomos zurück. Ab 1891 erhob die zionistische Bewegung, die die Rückkehr der Juden nach Palästina auf ihre Fahnen geschrieben hatte, den Davidstern zu ihrem Wahrzeichen. Um 1900 wurde er dann zu einem antisemitischen Zeichen pervertiert: Im Rahmen einer immer stärker werdenden antisemitischen Propaganda wurde er häufig in Flugblättern und Plakaten antisemitischen Inhalts abgebildet. Nationalsozialisten und andere rechte politische Gruppen benutzten den Stern in der Weimarer Republik für ihre antisemitische Wahlpropaganda. Als die Nationalsozialisten dann in Deutschland an die Macht kamen, mussten alle Juden den gelben Davidstern („Judenstern") zu ihrer Kennzeichnung tragen.

Der Davidstern

Bronzestempel mit Menorah

Menorah

Ein anderes wichtiges Symbol des Judentums ist der siebenarmige Leuchter (Menorah), der auch Bestandteil des israelischen Staatswappens ist. Er symbolisiert die Gegenwart Gottes – das ewige Licht Gottes im Weltall. Die sieben Arme des Leuchters entsprechen den sieben Tagen der Schöpfung bzw. der Woche und den damals bekannten sieben Planeten.

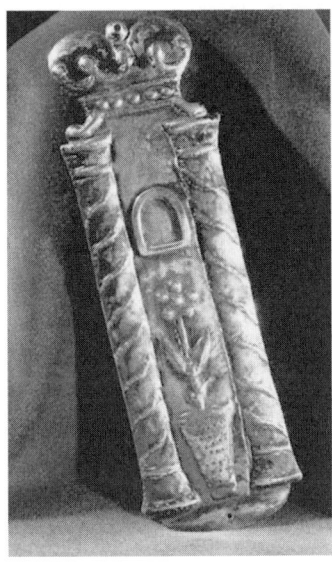

Mezuza

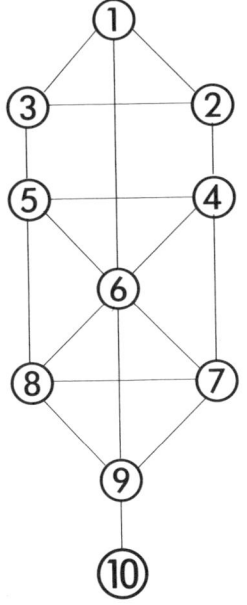

Der Lebensbaum mit den
zehn Sephiroth

Mezuza

Am Rahmen von Eingangstüren wird häufig das Mezuza befestigt, ein Kästchen, das eine kleine Pergamentrolle mit Worten aus der Bibel enthält. Das Mezuza dient als magisches Schutzsymbol und ist darüber hinaus Sinnbild für den Bund zwischen dem gläubigen Juden und Gott.

Kabbalistische Symbole: Lebensbaum und Sephiroth

Als mystisch-esoterische Richtung bildete sich innerhalb des Judentums die Geheimlehre der Kabbala (hebräisch: „Überlieferung") heraus, die auch die westliche Esoterik stark beeinflusst hat. Zentrales Symbol der Kabbala ist der Lebensbaum oder Weltenbaum, der aus zehn Sephiroth (den zehn verschiedenen Namen Gottes oder Stufen der Manifestation Gottes) besteht. Über diese zehn Stufen bewegt sich Gott aus sich selbst heraus und kehrt auch wieder in sich selbst zurück. Gleichzeitig sind die Sephiroth die zehn Urzahlen, die in Kombination mit den 22 Buchstaben des hebräischen Alphabets den gesamten Schöpfungsplan versinnbildlichen.

Die zehn Sephiroth sind:

1. Kether („Krone" oder anfänglicher Wille Gottes; höchste Ursache des Weltalls)
2. Chokmah (Weisheit oder Uridee Gottes; der Same aller Dinge)
3. Binah („Intelligenz" Gottes)
4. Chesed (Liebe, Gnade und Güte Gottes)
5. Geburah (Macht und Strenge Gottes)
6. Tiphereth (Barmherzigkeit, Pracht und Schönheit Gottes)
7. Nezach („beständige Dauer", Sieg Gottes)
8. Hod (Herrlichkeit, Majestät Gottes)

9. Jesod (der Grund aller zeugenden Kräfte Gottes)
10. Malkuth (das Einwohnen Gottes in der Schöpfung)

In der Schöpfung ist nur das Wirken der sieben unteren Sephiroth sichtbar, die oberen drei Sephiroth (Kether, Chokmah und Binah) sind für den Menschen unfassbar. Sie entsprechen der göttlichen Lichtwelt (Aziluth), die durch einen Schleier von den sieben unteren Sephiroth getrennt ist.

Das System der Sephiroth erfuhr im Lauf der Jahrhunderte verschiedene Auslegungen. Josef Gikatilla, ein spanischer Kabbalist, der Ende des 13. Jahrhunderts lebte, machte beispielsweise den Sündenfall Adams für die Zerstörung der Einheit zwischen Himmel und Erde verantwortlich: Durch diese Sünde wurde die reibungslose Zirkulation zwischen oberen und unteren Sephiroth unterbrochen.

Titelbild der „Portae Lucis", eines Werks des spanischen Kabbalisten Josef Gikatilla, mit Darstellung des Lebensbaums

Symbole der christlichen Religion

In christlichen Kirchen, Klöstern und Kunstwerken kehren bestimmte Motive wieder, die symbolische Bedeutung haben. Auch die Sprache des Alten und Neuen Testaments ist sehr bildhaft und symbolträchtig. Der Einfachheit halber werden die wichtigsten christlichen Symbole hier in alphabetischer Reihenfolge aufgeführt.

Alpha und Omega

Alpha und Omega
Der erste und der letzte Buchstabe des griechischen Alphabets stehen für die Worte „Ich bin das Alpha und das Omega, der Erste und der Letzte, der Anfang und das Ende" in der Offenbarung des Johannes (22,13). Das Alpha und Omega ist ein Symbol für Gott (Jesus Christus) als Anfang und Ende, Schöpfer und Vollender des Kosmos.

Altar
Der Altar steht für den Tisch des heiligen Abendmahls und ist gleichzeitig Symbol für den Leib Christi, nachdem er vom Kreuz genommen und ins Grab gelegt wurde. Das weiße Altartuch ist das Leichentuch Christi; die Stufen zum Altar symbolisieren die Leiber der Märtyrer, die für ihren Glauben an Christus gelitten haben.

Angel
Die Angel ist ein Symbol für die Aufgabe der Apostel, zu „Menschenfischern" (Lukas-Evangelium 5,10) zu werden, d. h. Menschen zum christlichen Glauben zu bekehren.

Anker
Ein Symbol für die Hoffnung des gläubigen Christen auf die himmlische Seligkeit – häufig kombiniert mit Fischen oder Delfinen.

Apfel

Ein Symbol für sinnliche Verlockung und Sünde – wohl wegen seiner verlockenden Farbe und seines süßen Geschmacks. Wird Christus mit einem Apfel in der Hand dargestellt, so ist dies ein Symbol für die Erlösung von der Erbsünde (Adams Sündenfall – dem Essen des Apfels vom Baum der Erkenntnis von Gut und Böse).

Arche

Die Arche, in der Noah sich mit seiner Familie und den Vorfahren unserer heutigen Tiere aus der Sintflut rettete, ist ein beliebtes Symbol für verschiedene Elemente des christlichen Glaubens: die Taufe, die Kreuzigung Christi und auch die Kirche, die dem Christen Heil und Geborgenheit schenkt.

Asche

Ein Sinnbild des Todes und der Vergänglichkeit und daher Bestandteil von Buß- und Trauerriten. Das menschliche Haupt mit Asche zu bestreuen, wie dies beispielsweise am Aschermittwoch getan wird („Du bist Staub und wirst zu Staub zurückkehren"), ist ein Symbol für die Sterblichkeit und die Nichtigkeit des Menschen vor seinem Schöpfer.

Bart

Ein Symbol der Kraft, des Mutes und der Weisheit; daher wird Gott häufig bärtig dargestellt.

Basilisk

Ein Fabeltier mit dem Oberkörper eines Hahns und dem Unterleib einer Schlange; ähnlich wie der Drache Verkörperung des Bösen, des Teufels und des Todes. (Sein Blick oder Atem kann Menschen töten.) Christus wird manchmal als Überwinder eines Basilisken (= des Bösen) dargestellt.

Berg

Ein Ort, wo sich Himmel und Erde begegnen. (In fast allen Religionen gibt es heilige Berge.) So ist beispielsweise die Verklärung Jesu auf dem Berg Tabor und die Himmelfahrt Christi auf dem Ölberg zu interpretieren.

Blut

Ein Symbol für das Leben und die Seele. Das Blut Christi ist ein Sinnbild der Erlösung.

Bock

Symbol der Lüsternheit und Sünde. Im Mittelalter wurde der Teufel häufig in Bocksgestalt dargestellt.

Burg

Sinnbild der Zuflucht, Sicherheit und Geborgenheit, die der Mensch im christlichen Glauben findet.

Christusmonogramm

Eine Abkürzung des Namens Jesu Christi: entweder in Form der Buchstaben I + X (Jesus Christus) oder X + P (Christus), oft von einem Kreis oder Siegeskranz umgeben oder mit den Buchstaben Alpha und Omega kombiniert. Ein weiteres Christusmonogramm ist JHS (eine Abkürzung, die entweder für die drei ersten Buchstaben des griechischen Namens Jesu oder für die lateinische Schreibung des Namens – „Jhesus" – steht).

Delfin

Schon immer galt der Delfin aufgrund des Glaubens, dass er ins Meer gestürzte Menschen auf seinen Rücken nimmt und an Land bringt, als Freund und Retter des Menschen. In der christlichen Kunst wurde er zum Symbol für Christus, der den Menschen aus seiner Not errettet, und wird daher häufig zusammen mit einem Anker oder als Begleiter bzw. Träger eines Schiffs (als Symbol für die Kirche oder das Lebensschiff eines Verstorbenen) dargestellt.

Dornenkrone

Symbol für die Passion (Leidensgeschichte) Jesu Christi, der vor seiner Kreuzigung von seinen Peinigern verspottet wurde, indem sie ihm eine Dornenkrone aufsetzten.

Drache

Ebenso wie die Schlange eine Verkörperung des Bösen und Repräsentant des Teufels. Jesus Christus, Erzengel Michael und der heilige Georg werden häufig als Drachentöter dargestellt – ein Symbol für den Sieg über das Böse.

Dreifaltigkeitssymbole

Häufige Symbole für die heilige Dreifaltigkeit – die Dreieinigkeit des Vaters, des Sohnes und des Heiligen Geistes in Gott – sind:
- ein gleichseitiges oder gleichschenkliges Dreieck
- drei sich überschneidende Kreise oder ein Kreis mit drei im Mittelpunkt zusammenstoßenden Halbmonden
- ein dreiblättriges Kleeblatt
- die Darstellung von Thron (Macht – Gottvater), Buch (Verstand, Lehre – Jesus Christus) und Taube (Liebe – der Heilige Geist)
- der „Gnadenstuhl": Gott trägt den gekreuzigten Christus in seinen Armen; zwischen ihnen schwebt eine Taube (der Heilige Geist)
- eine Gruppe dreier Engel von gleicher Gestalt
- das Antoniuskreuz (T) und das Gabelkreuz (Y) – beide Kreuze haben drei vom selben Mittelpunkt ausgehende Richtungen
- eine Person mit drei Köpfen oder drei Oberkörpern
- ein Kopf mit drei Gesichtern
- eine Waage mit drei Steinen darauf
- drei Adler, Löwen oder Fische mit nur einem Kopf
- ein Turm, in dem sich drei Fenster öffnen.

Dreizack

Schon im antiken Griechenland und Rom Symbol für das Meer (der Dreizack war ein Attribut des Meeresgottes Poseidon bzw. Neptun). Auch in Bildern des christlichen Mittelalters taucht der Dreizack als Meeressymbol auf.

Efeu

Als immergrüne Pflanze ein Symbol für das ewige Leben: Auch wenn der Körper stirbt, lebt die Seele dennoch weiter. Efeublätter sind häufig auf frühchristlichen Sarkophagen und Katakombenfresken abgebildet.

Ei

Ein Auferstehungssymbol: Christus stand am Ostermorgen aus dem Grabe wieder auf, so wie ein Küken aus seinem Ei schlüpft. Von daher ist auch der Gebrauch der Ostereier zu verstehen; allerdings war das Ei auch schon früher (bei heidnischen Frühlingsfesten) ein beliebtes Symbol für die wieder zum Leben erwachende Natur.

Eiche

Symbol der Unsterblichkeit (das Holz der Eiche galt im Mittelalter als unverweslich).

Einhorn

Ein Fabelwesen mit Pferdegestalt und einem spitzen Horn in der Stirnmitte, das der Legende nach nur von einer Jungfrau gefangen werden kann: Sobald es eine Jungfrau erblickt, bettet es seinen Kopf friedlich in ihren Schoß und schläft ein. So wurde das Einhorn zu einem Symbol der Reinheit und Keuschheit und zum Sinnbild der Jungfrau Maria und der unbefleckten Empfängnis.

Ernte

Symbol des Endgerichts am Jüngsten Tag.

Eucharistie

Abendmahlsfeier in der Kirche. Hostie und Wein stehen dabei für den Leib und das Blut Jesu Christi.

Matthäus
Lukas

Markus
Johannes

Evangelistensymbole

In Anknüpfung an die Gottesvision des Ezechiel (»Das erste Lebewesen glich einem Löwen, das zweite einem Stier, das dritte sah aus wie ein Mensch, das vierte glich einem fliegenden Adler") wird Matthäus als geflügelter Mensch, Markus als geflügelter Löwe, Lukas als geflügelter Stier und Johannes als Adler dargestellt.

Feigenbaum

Ähnlich wie Ölbaum und Weinstock ein Symbol der Fruchtbarkeit, auf mittelalterlichen Bildern manchmal aber auch anstelle des Apfelbaums als Baum der Erkenntnis im Paradies dargestellt. Ein vertrockneter Feigenbaum ist ein Symbol für die Synagoge, die keine Früchte mehr erbringt – im weiteren Sinn ein Sinnbild für religiöse Irrlehren.

Fels

Sinnbild der Festigkeit und Unwandelbarkeit; so wird Jahwe (Gott) als der Fels Israels oder als wasserspendender Fels in der Wüste bezeichnet.

Feuer

Ein Symbol für Erleuchtung, Reinigung und Erneuerung, auch für den Heiligen Geist – beispielsweise in den Feuerzungen, die zu Pfingsten auf die Jünger herniedergingen. Im Alten Testament begegnet auch Gottvater den Menschen häufig in Gestalt von Feuer (beispielsweise als brennender Dornbusch oder als Feuersäule, die das Volk Israel aus der Gefangenschaft und aus Ägypten herausführt). Feuer ist aber auch ein Attribut der Hölle: Die Verdammten büßen im Höllenfeuer für ihre Sünden.

Finsternis

Sinnbild für das Reich des Teufels, der auch als „Fürst der Finsternis" bezeichnet wird. Finsternisse (beispielsweise die Finsternis vor dem Weltende) verkörpern in der Bibel stets Strafe, Tod oder Verdammnis.

Fisch

Ein vielschichtiges Sinnbild, das für Verschiedenes stehen kann: So ist der Fisch gleichzeitig Symbol Jesu Christi, der getauften Christen und der Eucharistie.

Fischer

Symbol für die Apostel, die zu Menschenfischern geworden sind, d. h. andere Menschen zum christlichen Glauben bekehren.

Fledermaus

Ein Sinnbild des Teufels, der häufig mit Fledermausflügeln dargestellt wird.

Garten
Das Paradies wird als Garten („Garten Eden") bezeichnet und dargestellt.

Gebetshaltung
In der christlichen Kirche tauchte die Gebetshaltung des Händefaltens erstmals im 9. Jahrhundert n. Chr. auf; in der Bibel ist sie nirgends erwähnt. Religionshistoriker deuten sie als symbolische Darstellung der gefesselten Hände eines Gefangenen – Sinnbild der Unterwerfung des Menschen unter Gott. Auch das Niederknien beim Beten ist ein Symbol der Demut gegenüber Gott.

Hand Gottes
Meist wird die Hand Gottes auf religiösen Darstellungen in segnender Geste aus einer Wolke oder einem Teil des Himmels herausgestreckt – das älteste und verbreitetste Symbol für Gottvater und sein Eingreifen in das Leben der Menschen.

Händefalten
siehe „Gebetshaltung"

Haus
Symbol für eine dauerhafte Behausung im Gegensatz zum Zelt der Nomaden, das leicht aufgespannt und wieder abgebaut werden kann. Deshalb ist „Haus Gottes" eine symbolische Bezeichnung für die Kirche: Hier ist Gott gegenwärtig; und die Menschen finden in diesem Haus Schutz und Geborgenheit.

Heiligenschein (Nimbus, Gloriole)
Schimmernder Kreis oder Lichtscheibe, von der das Haupt Gottes und heiliger Personen in christlichen Bildwerken häufig umgeben ist. Manchmal umgibt ein solcher Heiligenschein auch die ganze Gestalt; dann wird er als Aureole oder (in mandelförmiger Form, ausschließlich Jesus Christus und der Heiligen Maria vorbehalten) als Mandorla bezeichnet. Ein Symbol der Heiligkeit.

Hirt
Symbolische Bezeichnung für Gottvater und Jesus. Gott wird als Hirt des Volkes Israel und – im weiteren Sinn – der ganzen Menschheit bezeichnet;

und Jesus sagt über sich selbst: „Ich bin der gute Hirt", der sein Leben für seine Schafe hingibt; das heißt, er ist der Führer und Hüter der gläubigen Christen und auch anderer Menschen, die er zum Glauben hinführen möchte, damit es „nur eine Herde und einen Hirten" gibt (Johannesevangelium 10,11 ff.).

I.N.R.I.

Die von Pilatus gesetzte Inschrift am Kreuz Jesu Christi. Die Abkürzung steht für „Iesus Nazarenus Rex Iudaeorum" (Jesus von Nazareth, König der Juden).

Kelch

Gefäß der Eucharistie (Abendmahlskelch); auch Sinnbild des Schicksals, das man aus der Hand Gottes empfängt wie einen Kelch. (So bezeichnet Jesus den ihm bestimmten Leidensweg als „Kelch" und wünscht sich, dass er an ihm vorübergehen möge.)

Kerze

Ein Symbol des Lichts und damit auch des Heils und der Erleuchtung.

Kommunion

siehe „Eucharistie"

Kreis

Ein Symbol für die Ewigkeit – oft als Schlange dargestellt, die sich in den Schwanz beißt (Uroboros).

Kreuz

Symbol für den Kreuzestod Jesu Christi und – im weiteren Sinn – für den christlichen Glauben an sich.

Krummstab

Hirtenstock (langer Stab mit gebogenem Ende) – ein Symbol für die Bischofswürde.

Lamm

Das Lamm war in der Antike und im Alten Testament das häufigste Opfertier und wurde zu einem der wichtigsten christlichen Symbole: Es ist nicht

nur ein Sinnbild für Unschuld und Demut, sondern auch für das Opfer, das Jesus Christus der Menschheit mit seinem Kreuzestod brachte, um die Menschen von ihren Sünden zu befreien. Daher wird Jesus im Neuen Testament auch als Lamm Gottes (Agnus Dei) bezeichnet. Häufig wird das Lamm auch allgemein als Christussymbol verwendet.

Licht

Wie in vielen Religionen ist Licht auch im Christentum ein Symbol für Erleuchtung, Erkenntnis und Heil (im Gegensatz zur Finsternis, die Strafe, Verdammnis und Tod repräsentiert). Daher wird Christus auch als Licht der Welt bezeichnet.

Lilie

Ein Symbol der Reinheit, Unschuld und Jungfräulichkeit.

Olivenzweig

Symbol des Friedens. Eine Taube kehrte am Ende der Sintflut mit einem Olivenzweig im Schnabel zu Noah zurück.

Palme

Ein Symbol für Sieg und Unsterblichkeit.

Pelikan

Ein Pelikan füttert seine Jungen, indem er seinen Schnabel auf die Brust stemmt und die Fische, die er gefangen hat, aus seinem Kehlsack aus-

würgt. Dabei färben seine weißen Brustfedern sich häufig rot vom Fischblut. Dadurch entstand die fälschliche Vorstellung, dass der Pelikan sich in seiner übergroßen Mutterliebe mit dem Schnabel die Brust aufreiße, um seine Jungen mit seinem Blut zu nähren. So ist der Pelikan zum Symbol für aufopfernde Elternliebe und in der christlichen Religion zum Sinnbild des gekreuzigten Christus geworden, der sich für die Menschheit aufopfert.

Pfingstrose
Ein auf vielen Madonnenbildern vorkommendes Mariensymbol (die „Rose ohne Dornen").

Phönix
In der Antike sehr bekannter mythischer Vogel, der Hunderte von Jahren alt wird. Wenn er sein Ende nahen fühlt, wirft er sich ins Feuer eines Opferaltars oder fliegt so nah an die Sonne heran, dass sie ihn versengt. Aus seiner Asche entsteht dann ein Ei, aus dem wieder ein junger Phönix schlüpft („Phönix aus der Asche"). Im Christentum wurde dieser sagenhafte Vogel zum Sinnbild für die Auferstehung Christi (im weiteren Sinn auch zum Christussymbol) und für die Unsterblichkeit der menschlichen Seele.

Pinie und Pinienzapfen
Als immergrüner Baum ist die Pinie ein Symbol der Fruchtbarkeit, Auferstehung, Ewigkeit und Unsterblichkeit.

Rosenkranz
Gebetshilfe in Form eines Kranzes aus aneinandergereihten Perlen. Es gibt einen „kleinen", einen „mittleren" und einen „großen" Rosenkranz. Der kleine Rosenkranz enthält 33 kleine Perlen (als Symbol für die Anzahl der Lebensjahre Christi) und fünf größere Perlen (die für die fünf Wunden Christi stehen). Für jede kleine Perle muss man ein Ave Maria, für jede größere ein Vaterunser beten. Der mittlere Rosenkranz enthält 63 kleine Perlen (als Symbol für die Zahl der Lebensjahre Marias) und sieben große Perlen (für die sieben Freuden bzw. Schmerzen Marias). Der große

Rosenkranz besteht aus 150 kleinen Perlen (die Anzahl der Psalmen) und 15 großen Perlen. Beim Beten dieses Rosenkranzes folgt auf zehn Ave-Maria jeweils ein Vaterunser.

Schiff

Ein Symbol für die Reise und für die christliche Kirche, die durch die Wogen der Welt auf ihr himmlisches Ziel zustrebt. (Daher rührt auch die Bezeichnung „Kirchenschiff".)

Schlange

Ein Symbol des Teufels, der Adam und Eva im Paradies in Gestalt einer Schlange zur Sünde (dem Essen des Apfels vom Baum der Erkenntnis) verführte. Oft wird die Schlange am Fuß des Kreuzes dargestellt – ein Sinnbild dafür, dass Jesus Christus durch seinen Kreuzestod die Sünde besiegt hat. Oft findet man auch eine tote Schlange zu Füßen der Jungfrau Maria oder des heiligen Michael.

Segen

Man segnet einen Menschen oder Gegenstand durch Auflegen der Hand. Häufig streckt man seine Hand auch nur über der Person oder Sache aus, die man segnen möchte.

Taube

Ein Symbol für den Frieden, die Unschuld und den Heiligen Geist.

Taufe

Ein Sakrament, das die Aufnahme des Täuflings in die Kirche Christi symbolisiert. Durch die Taufe werden die Sünden getilgt; der Täufling empfängt den Heiligen Geist und wird in die christliche Gemeinde eingegliedert. Im Urchristentum wurde der Täufling dabei in Wasser (als Sinnbild der Läuterung) untergetaucht oder mit Wasser übergossen; heute wird die Taufe je nach Denomination unterschiedlich praktiziert.

Wein

Ein Symbol für das Blut Christi beim Abendmahl (siehe auch „Eucharistie").

Astrologische Symbole

Astrologische Symbole

Die Astrologie geht davon aus, dass Charakter und Schicksal einzelner Menschen, aber auch größere Ereignisse – beispielsweise ein Krieg oder eine Naturkatastrophe – von Gestirnskonstellationen beeinflusst sind und dass man daher auch anhand des Standes der Gestirne bestimmte Vorhersagen treffen kann. Wichtig sind in der Astrologie folgende Elemente: die zwölf Tierkreiszeichen, die Planeten und die Winkel, die diese Planeten zueinander bilden (die so genannten Aspekte).

Ein Geburtshoroskop deutet den Stand der Gestirne zum Zeitpunkt der Geburt eines Menschen. Wichtig ist dabei, welche Planeten sich in welchem Tierkreiszeichen befinden und wie diese Planeten zueinander stehen. Daraus kann der Astrologe Rückschlüsse auf den Charakter des betreffenden Menschen ziehen, aber auch bestimmte immer wiederkehrende Situationen und Probleme erkennen, die sein Leben wahrscheinlich prägen werden. Um sich ein Geburtshoroskop stellen zu lassen, muss man seinen Geburtsort und die möglichst genaue Geburtsuhrzeit angeben.

Die Astrologie schreibt jedem Planeten bestimmte Prinzipien und Eigenschaften zu; so steht Mars beispielsweise für Aktivität, Kampfgeist und Durchsetzungsvermögen, Uranus für Neuerung und Kreativität, usw. Je nachdem, in welchem Tierkreiszeichen ein Planet bei der Geburt eines Menschen steht, hat er jeweils unterschiedliche Einflüsse.

Auch den Tierkreiszeichen oder Sternzeichen werden bestimmte Eigenschaften zugeordnet. Zwillinge gelten beispielsweise als redegewandt und intellektuell, sprunghaft und unbeständig; Steinböcken sagt man Ehrgeiz, aber auch eine gewisse Sturheit nach. Jedes Sternzeichen wird von einem bestimmten Planeten regiert und damit auch geprägt. (Der Regent des Sternzeichens Zwillinge ist beispielsweise der für das Prinzp der Intellektualität stehende Merkur.)

Doch nicht nur das Tierkreiszeichen, in dem die Sonne bei unserer Geburt stand, prägt unseren Charakter, sondern auch die Planeten in den anderen Zeichen und noch viele andere Aspekte unseres Horoskops. So kommt es, dass mancher zwischen dem 22. Dezember und dem 20. Januar Geborene ein „typischer Steinbock" ist, während ein anderer gar keine typischen Steinbock-Eigenschaften zu besitzen scheint – vermutlich sind andere Einflüsse in seinem Horoskop stärker und haben seinen Charakter mehr geprägt als sein Sonnenzeichen.

Die Planeten

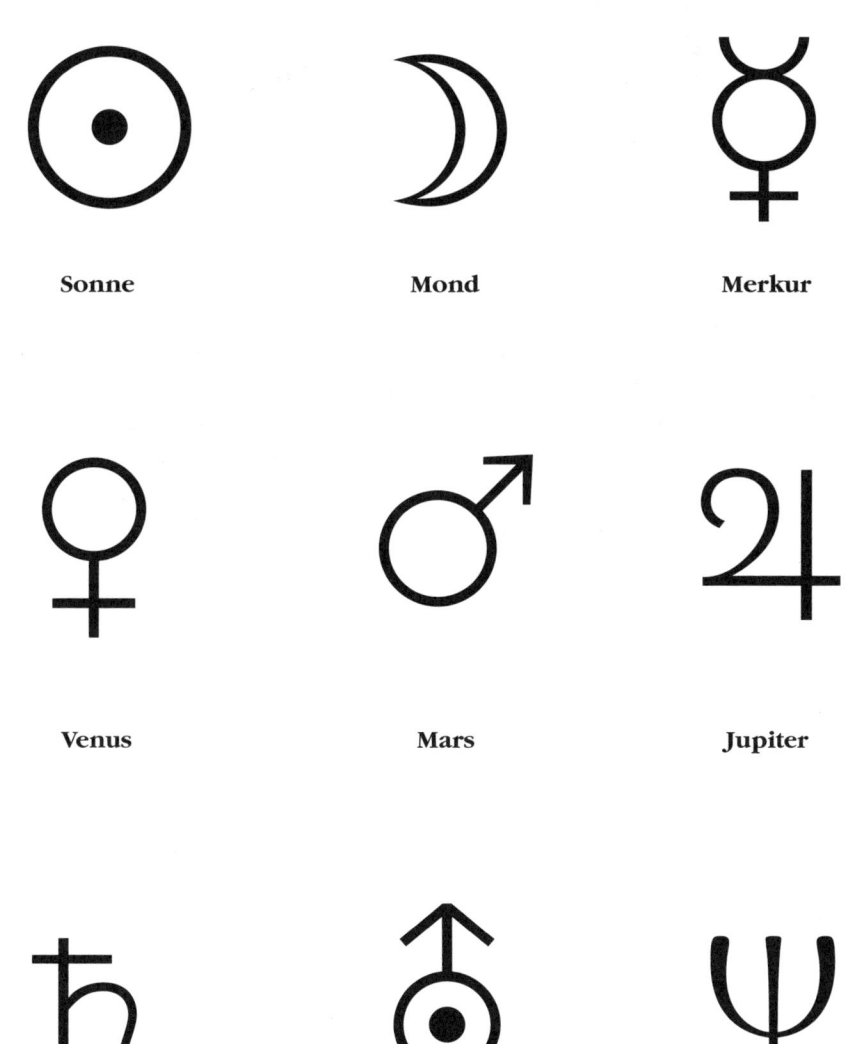

Sonne   Mond   Merkur

Venus   Mars   Jupiter

Saturn   Uranus   Neptun

Pluto   **Aszendent**

Sonne

Die Sonne steht für das eigene Ich. (Bezeichnenderweise wird das Sternzeichen Löwe – dem man eine gewisse Ichbezogenheit nachsagt – von der Sonne regiert.) Die Sonne bestimmt das Sternzeichen oder Tierkreiszeichen eines Menschen. Das heißt, ein Mensch mit dem Sternzeichen Zwilling ist jemand, bei dessen Geburt die Sonne im Tierkreiszeichen Zwilling stand. (Deshalb verwendet man statt „Sternzeichen" manchmal auch den Begriff „Sonnenzeichen".) Das Symbol der Sonne ist ein Kreis mit einem Punkt in der Mitte, weil die Sonne im Mittelpunkt unseres Sonnensystems steht.

Mond

Der Mond steht für das seelische Erleben, das Unbewusste und Irrationale. Er beeinflusst unsere Gefühls- und Gemütslage. Sein Symbol ist die Mondsichel. Vom Mond geprägte Menschen (das heißt Menschen, in deren Horoskop der Mond eine starke Stellung einnimmt, oder Menschen mit dem Sternzeichen Krebs, das vom Mond regiert wird) sind sensibel, intuitionsbegabt, aber oft auch launisch, Stimmungsschwankungen unterworfen, verträumt und leicht beeinflussbar.

Merkur

Der Planet Merkur (der seinen Namen dem römischen Gott des Handels und Gewerbes verdankt) steht für Intellektualität, Kommunikation, rationales Denken, Bildung und Gelehrsamkeit. Auf alten Bildern ist Gott Merkur häufig mit einem magischen Stab abgebildet, der von zwei Schlangen umkreist wird. Die Schwänze der beiden Schlangen sind ineinander verschlungen, ihre Köpfe einander zugewand – als Symbol für den Gewinn von Wissen aus der Erkenntnis der entgegengesetzten Kräfte, aus denen alles auf der Welt entsteht. Das Kreuz unten am Merkursymbol ist ein Sinnbild der Welt; der Kreis und die „Hörner" darüber sind als stilisierte Darstellung der beiden Schlangen mit den einander zugewandten Köpfen zu verstehen. Im Horoskop repräsentiert Merkur die vernunft- und verstandesmäßigen Fähigkeiten eines Menschen. Ein von Merkur geprägter Mensch denkt logisch, hat eine scharfe Beobachtungsgabe und ein gutes Organisations- und Kommunikationstalent. Merkur ist Regent der Sternzeichen Zwillinge und Jungfrau.

Venus

Venus verkörpert das Prinzip der Liebe, Leidenschaft und Sexualität. Dieser nach der römischen Liebesgöttin benannte Planet verleiht den Menschen, die von ihm geprägt sind, Schönheitssinn, gewinnenden Charme und künstlerische Begabung. Venus regiert die Sternzeichen Stier und Waage. Das Venus-Zeichen wird unterschiedlich gedeutet: Vielleicht steht der obere Kreis für den Spiegel, mit dem die Göttin Venus häufig abgebildet wird – als Symbol für Schönheit und Ästhetik.

Mars

Dieser Planet, der seinen Namen dem römischen Kriegsgott verdankt, steht für das Prinzip des Kämpferischen, für Aggression und Gewalttätigkeit, aber auch für Mut, Energie, Willenskraft und die Durchsetzung des eigenen Ichs. Mars regiert die Sternzeichen Widder und Skorpion. Sein Symbol ist der Kreis der Welt (oder Kreislauf der Zeit), aus dem der Pfeil der Aktivität und Auseinandersetzung entspringt.

Jupiter

Dieser Planet ist nach dem römischen Donnergott Jupiter, dem Beschützer von Recht und Treue, benannt; sein Symbol erinnert an einen Blitz. Jupiter steht für Optimismus, Glück und Wohlstand; er gilt als „Glücksplanet". Menschen, die von Jupiter geprägt sind, sehnen sich danach, ihren geistigen Horizont zu erweitern; häufig sind sie auf der Suche nach dem Sinn des Lebens. Jupiter ist der Regent des Sternzeichens Schütze.

Saturn

Der Planet Saturn ist nach dem römischen Gott der Aussaat benannt, der stets mit einer Sichel in der Hand dargestellt wurde – daher die Assoziation dieses Planeten mit allem Düsteren im Leben, mit Tod und Vergänglichkeit. Der Bogen unten am Kreuz des Saturnzeichens wird als Sichel gedeutet. Planet Saturn verkörpert das Prinzip der Einschränkung, des Alleinseins und der Askese. Aufgrund seiner hemmenden, einschränkenden Wirkung auf unser Leben wird Saturn oft als „Unglücksplanet" oder „Übeltäter" bezeichnet; er muss aber nicht unbedingt Unglück bringen, denn auch an Hindernissen und Widerständen und an der Erkenntnis seiner eigenen Einschränkungen kann (und soll) man innerlich wachsen. Saturn regiert das Sternzeichen Steinbock.

Uranus

Dieser Planet wurde erst 1781 entdeckt und nach dem Sohn der griechischen Erdgöttin Gaia benannt. Gaia gebar Berge, Meer und Himmel (Uranus) und – nachdem sie von Uranus befruchtet worden war – unter anderem die Titanen und die Zyklopen. Doch Uranus hasste seine Kinder und stieß sie in den Schoß der Erde zurück. Der nach oben gerichtete Pfeil des Uranus-Zeichens symbolisiert seine Aggressivität. Dieser Planet steht für die Prinzipien der Neuerung, der Revolution, der Vision und des Fortschritts. Von Uranus geprägte Menschen neigen dazu, sich über Normen und Konventionen hinwegzusetzen; oft sind sie sehr kreativ und idealistisch – sie kämpfen für den Traum von einer idealen Welt. Als Sternzeichen ist dem Planeten Uranus der Wassermann zugeordnet.

Neptun

Der Planet Neptun ist Regent des Sternzeichens Fische und nach dem römischen Meeresgott Neptun benannt (daher sein Symbol, der Dreizack). Dieser Planet steht für das Unterbewusste und Irrationale, für Spiritualität, Altruismus und Weisheit. Von Neptun geprägte Menschen sind sensibel, intuitiv, fantasiebegabt, oft aber auch träumerisch und realitätsfern und anfällig für die Abhängigkeit von Drogen aller Art.

Pluto

Ebenso wie Uranus gehört auch der nach dem griechischen Gott der Unterwelt benannte Pluto (sein Symbol erinnert an den Buchstaben P) zu den „neueren" Planeten; er wurde erst 1930 entdeckt und (neben Mars) dem Sternzeichen Skorpion als Regent zugeordnet. Pluto steht für das Prinzip des Zerstörerischen, aber auch der Wandlung und des Neubeginns.

Aszendent

Der Aszendent ist kein Planet, sondern jener Punkt der Ekliptik (Sonnenbahn), der im Augenblick und am Ort der Geburt eines Menschen gerade über dem Osthorizont aufsteigt. Nach der Sonne gilt der Aszendent als zweitwichtigster Einfluss in einem Horoskop. Während das Sonnenzeichen unser Ich, unseren Charakter prägt, bestimmt der Aszendent unsere Ausstrahlung – die Art und Weise, wie wir uns der Außenwelt gegenüber präsentieren und wie wir auf andere Menschen zugehen.

Die Sternzeichen

Es gibt verschiedene Symbole für die Sternzeichen: zum einen die figürlichen Darstellungen (so wird der Schütze als Männergestalt mit Pfeil und Bogen dargestellt), zum anderen mehr oder weniger abstrahierte Vereinfachungen dieser Figuren (das Schütze-Symbol als Pfeil mit einem nur noch als Strich angedeuteten Bogen).

Widder
(21.3.–20.4.)

Der Widder ist das erste Sternzeichen im Tierkreis und wird vom Planeten Mars regiert. Dementsprechend kämpferisch, impulsiv und energiegeladen ist der typische Widder: Er liebt die Herausforderung, stürmt geradewegs auf sein Ziel zu und fegt Widerstände einfach beiseite. Bedächtigkeit und Geduld sind nicht seine Stärke. Er kann auch aggressiv sein und heftige Wutausbrüche bekommen, wenn etwas nicht nach seinem Willen geht. Widder-Geborene neigen zur Hektik und ziehen Stress magnetisch an. Ihre positiven Eigenschaften sind Ehrlichkeit, Spontaneität und Begeisterungsfähigkeit.

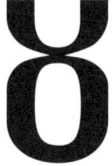

Stier
(21.4.–20.5.)

Der Stier ist gelassen, bedächtig, geduldig und nicht leicht aus der Ruhe zu bringen, manchmal allerdings auch ein wenig stur und schwerfällig. Er ist praktisch veranlagt, geschäftstüchtig und kann gut mit Geld umgehen. Typisch für den Stier ist seine Bodenständigkeit und Erdverbundenheit; viele Stiere besitzen ein eigenes Haus oder wünschen sich dies zumindest, und sie sind im allgemeinen eher häusliche Typen. Der Planet Venus, der dieses Sternzeichen regiert, verleiht Stier-Geborenen Schönheitssinn, Sinnlichkeit, Freude an leiblichen Genüssen, oft auch Kunstverstand und künstlerische Begabung.

Zwillinge

(21.5.–21.6.)

Der vom Planeten Merkur regierte Zwilling ist intellektuell, kommunikativ, sprachbegabt und redegewandt. Viele Zwillinge gehen Berufen nach, in denen sie dieses Talent nutzen können, zum Beispiel Journalist, Schriftsteller oder Rechtsanwalt. Sie sind sehr neugierig und können blitzschnell Informationen aufnehmen und weitervermitteln. Allerdings sind viele Zwillinge sprunghaft, unbeständig, unzuverlässig und etwas oberflächlich. Oft fehlt ihnen die nötige Ausdauer, um ein Ziel bis zum Ende zu verfolgen. Außerdem können sie unberechenbar sein und sich von einem Augenblick zum anderen so völlig verändern, dass man meint, zwei verschiedene Personen vor sich zu haben.

Krebs

(22.6.–22.7.)

Der vom Mond regierte Krebs ist sensibel, gefühlsbetont, leicht verletzlich und starken Stimmungsschwankungen unterworfen. Er neigt zum Grübeln, zu Ängstlichkeit und schwarzseherischen Gedanken. Wenn man ihn verletzt, zieht er sich in sein Schneckenhaus zurück und ist dann nur schwer wieder aus der Reserve zu locken. Der Krebs ist ein ausgeprägter Familienmensch, der alles für seine Kinder tut, sich für sie aufopfert und ihnen ein schönes, gemütliches Zuhause schafft. Allerdings neigt er manchmal dazu, seine Familienangehörigen mit seiner Fürsorglichkeit und seinen übertriebenen Sorgen und Ängsten zu erdrücken.

Löwe

(23.7.–23.8.)

Der von der Sonne regierte Löwe ist stolz, eitel und selbstbewusst, steht gern im Mittelpunkt und neigt zu Dominanz und einem gewissen Egoismus. Er strebt stets eine Führungsposition an – im Beruf ebenso wie im Privatleben – und kann heftige Wutanfälle bekommen, wenn man sich ihm nicht fügt oder ihm Grund zur Eifersucht gibt. Seine Aufgabe (und seine Herausforderung) besteht darin, seine Herrschsucht und Ichbezogenheit zu bezähmen, damit seine positiven Eigenschaften zum Tragen kommen: Der typische Löwe ist extrovertiert, hilfsbereit und sehr großzügig, was allerdings manchmal auch zur Verschwendungssucht ausarten kann.

Jungfrau

(24.8.–23.9.)

Die von Merkur regierte Jungfrau ist ein typischer Verstandesmensch, der alles aus der Perspektive der Praktikabilität und des gesunden Menschenverstandes beurteilt. Die meisten Jungfrauen besitzen einen scharfen, analytischen Verstand und ein ausgeprägtes Organisationstalent. Sie sind sehr ordungsliebend, manchmal allerdings auch übertrieben gewissenhaft, kleinlich und pedantisch und neigen dazu, sich zu sehr in Details zu verlieren. Sie können auch „Prinzipienreiter" und übertrieben kritiklustig sein. Ihre Vorsicht und ihre etwas zurückhaltende, schüchterne Art macht es ihnen oft schwer, Gefühle zu zeigen und auf andere Menschen zuzugehen.

Waage
(24.9.–23.10.)

Dieses Sternzeichen wird ebenso wie der Stier vom Planeten Venus regiert. Daher sind Waagen schönheitsliebend, künstlerisch begabt und sinnlichen Genüssen zugetan. Die typische Waage ist charmant und einfühlsam und hat einen ausgeprägten Sinn für Gerechtigkeit: Sie versucht stets beide Seiten zu sehen, zu vermitteln und Streit zu schlichten. Ihr Harmoniebedürfnis geht oft so weit, dass sie Konflikte scheut und aus Angst vor einer Auseinandersetzungen manchmal die Unwahrheit sagt. Oft fällt es Waage-Menschen schwer, zu einer endgültigen Meinung zu kommen oder Entscheidungen zu treffen, weil sie zu lange das Für und Wider abwägen.

Skorpion
(24.10.–22.11.)

Der Skorpion wird von den beiden kriegerischen Planeten Mars und Pluto beherrscht und ist eine ausgeprägte Kämpfernatur. Er hat einen starken Willen und viel Selbstdisziplin und erreicht normalerweise stets das, was er sich vorgenommen hat. Skorpion-Menschen sind sehr ehrlich und niemals oberflächlich. Sie möchten allen Dingen auf den Grund gehen und interessieren sich daher sehr für religiöse Fragen und für Okkultismus. Liebe und Sexualität sind ihnen sehr wichtig; der Skorpion gilt als das leidenschaftlichste Sternzeichen. Er kann allerdings auch sehr nachtragend und rachsüchtig sein.

Schütze

(23.11.–21.12.)

Der von Jupiter regierte Schütze ist sehr ehrlich und hat einen ausgeprägten Gerechtigkeitssinn; Lügen und Ungerechtigkeiten machen ihn zornig. Er ist unabhängigkeitsliebend und eigenwillig, lässt sich nur ungern Vorschriften machen und will nicht eingeengt werden. Pfeil und Bogen stets griffbereit, streift er ruhelos durchs Leben und verschießt seine Pfeile in alle möglichen Richtungen. Ihn reizt das Abenteuer – das physische ebenso wie das geistige –, und er ist ständig auf der Suche nach neuen Erfahrungen und Erkenntnissen. Dementsprechend reist er auch sehr gern. Er ist sportlich und naturverbunden, liebt Tiere und Aktivitäten im Freien.

Steinbock

(22.12.–20.1.)

Der typische Steinbock ist sehr ehrgeizig und arbeitet zielstrebig an seiner beruflichen Karriere. Sein Planet (Saturn) verleiht ihm Selbstdisziplin, Ausdauer und einen nüchternen Realitätssinn, sorgt aber auch dafür, dass dem Steinbock nichts geschenkt wird. Wer von diesem Planeten beherrscht wird, muss sich alles schwer erkämpfen, geht aber dafür gestählt und reich an Lebenserfahrung aus diesem Kampf hervor. Allerdings bewirkt Saturn auch Pessimismus und einen Hang zur Melancholie. Der Steinbock ist sparsam (oft sogar geizig) und ein wenig zurückhaltend und eigenbrötlerisch. Gefühle zu zeigen und aus sich herauszugehen, fällt ihm schwer. Er ist bodenständig und hat viel Sinn für Tradition.

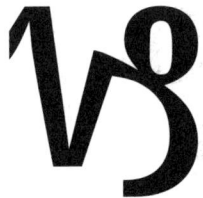

Wassermann

(21.1.–19.2.)

Der Wassermann ist seiner Zeit immer ein wenig voraus; er kann geniale Ideen, Visionen und Eingebungen haben. Viele Wassermänner sind Erfinder, Wissenschaftler, Künstler und Genies; denn ihr Planet, der Uranus, steht für Veränderung, für das Unerwartete, Unkonventionelle und Zukunftsorientierte. Oft ist der Wassermann ein wenig verträumt und zerstreut – er kann die ganze Welt über einer neuen Idee vergessen. Er ist sehr kreativ und originell und besitzt viel Fantasie. Viele Wassermänner sind Revolutionäre, denen es schwer fällt, sich unterzuordnen.

Fische

(20.2.–20.3.)

Der von Neptun regierte Fisch ist gefühlsbetont, sensibel, künstlerisch begabt und hat einen Hang zum Spirituellen. Die meisten Fische interessieren sich für Esoterik. Der typische Fisch ist sensibel, leicht verletzlich und nicht immer bereit, sich den Realitäten des Lebens zu stellen. Er neigt zur Passivität und hängt lieber seinen Träumen nach, statt sich ins Leben hinauszuwagen. Viele Fische ziehen sich in ihre Fantasiewelt zurück oder fallen einer Sucht (Alkohol oder Drogen) zum Opfer. Seinen Hang zur Träumerei und zu Illusionen zu bekämpfen und aktiv am Leben teilzunehmen, ist die große Herausforderung und Lebensaufgabe für den Fische-Geborenen.

Die Aspekte

Aspekte sind die Winkel, die die einzelnen Planeten im Horoskop, vom Mittelpunkt aus betrachtet, zueinander bilden. Es gibt günstige und ungünstige Aspekte. Je nach ihrem Aspekt können zwei Planeten sich gegenseitig unterstützen und ihre Wirkung verstärken oder sich gegenseitig hemmen und ihre Wirkung abschwächen; sie können in Harmonie oder Disharmonie zueinander stehen. Die wichtigsten Aspekte sind:

Konjunktion (Zusammenschein)

Zwei Planeten bilden miteinander einen Winkel von 0 Grad oder stehen nur wenige Grade auseinander, befinden sich also sehr nahe beieinander. Zwischen ihnen findet ein Zusammenspiel, eine Verschmelzung statt. Die Konjunktion gilt als günstig bei günstigen Planeten, ungünstig bei ungünstigen Planeten. Konjunktionen mit Saturn, Mars, Uranus und Neptun werden in der Regel als ungünstig bewertet.

Quadratur (Viertelschein)

Zwei Planeten bilden einen rechten Winkel (90 Grad) zueinander. Dieser Aspekt gilt als disharmonisch und ungünstig.

Trigon (Drittelschein)

Zwei Planeten bilden zusammen einen Winkel von 120 Grad – ein sehr günstiger Aspekt, der wechselseitige Ergänzung, Unterstützung und Harmonie bedeutet.

Opposition

Zwei Planeten stehen einander genau gegenüber, das heißt, sie bilden einen Winkel von 180 Grad. Diese Planeten sind Gegenspieler; sie stehen im Konflikt zueinander, hemmen und behindern sich gegenseitig. Ein ungünstiger Aspekt.

Sextil

Ein Winkel von 60 Grad zwischen zwei Planeten. Günstiger Aspekt (Ergänzung, Unterstützung, ähnlich wie beim Trigon, aber schwächer in der Wirkung).

Beispiele für die symbolische Darstellung von Aspekten im Horoskop

Konjunktion zwischen Sonne und Mond

Quadrat zwischen Sonne und Mond

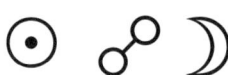

Opposition zwischen Sonne und Mond

Trigon zwischen Sonne und Mond

Das chinesische Horoskop

Ebenso wie in unserer Astrologie gibt es auch im chinesischen Horoskop zwölf Tierzeichen. Im Gegensatz zu unseren Tierkreiszeichen werden die chinesischen Zeichen aber nicht von der Sonne, sondern vom Mond bestimmt. Und der Tierkreis der Chinesen ist auch nicht in zwölf Monate, sondern in zwölf Jahre unterteilt. Jedem Tier ist ungefähr die Spanne eines Jahres zugeordnet. (Das asiatische Mondjahr stimmt nicht genau mit unserem Kalenderjahr überein.) Und jedes Tierzeichen beeinflusst die Ereignisse, die in „seinem" Jahr stattfinden, und natürlich auch Charakter und Schicksal der Menschen, die in diesem Jahr geboren werden.

5.2.1924–24.1.1925
24.1.1936–10.2.1937
10.2.1948–28.1.1949
28.1.1960–14.2.1961
16,1.1972–2.2.1973
2.2.1984–19.2.1985
19.2.1996–6.2.1997

Ratte

Die Ratte ist das erste Tier im chinesischen Tierkreis. Die Chinesen assoziieren die Ratte mit Geld; wenn nachts eine Ratte knabbert, so heißt es, sie „zähle Geld". Hervorstechende Eigenschaften des Tierkreiszeichens Ratte sind Geschäftssinn, eine materielle Einstellung und Freude am Genuss und an allen schönen Dingen des Lebens. Die Ratte ist praktisch begabt und hat Charme, kann aber auch aggressiv und eigensinnig sein und gibt nur ungern nach. Doch wenn sie jemanden liebt, geht sie mit ihm durch dick und dünn; sie sorgt hingebungsvoll für ihre Freunde und ihre Familie.

25.1.1925–12.2.1926
11.2.1937–30.1.1938
29.1.1949–16.2.1950
15.2.1961–4.2.1962
3.2.1973–22.1.1974
20.2.1985–8.2.1986
7.2.1997–27.1.1998

Büffel (Rind, Ochse)

Der Büffel plant alles genau voraus bis ins letzte Detail. Er ist ruhig, fleißig, geduldig und ausgeglichen, aber manchmal auch etwas schwerfällig, stur und verschlossen und zieht sich gern in die Einsamkeit zurück. Trotz seiner Ruhe kann er heftige Wutausbrüche bekommen, wenn man ihn reizt. Da er ein eher vorsichtiger, bodenständiger Typ ist, reist er nicht gerne – sein Zuhause, seine Familie und seine Angehörigen sind ihm das Wichtigste. Er ist sehr fürsorglich und möchte am liebsten alle Menschen um sich herum beschützen. Viel Sinn für Romantik hat er allerdings nicht.

13.2.1926–1.2.1927
31.1.1938–18.2.1939
17.2.1950–5.2.1951
5.2.1962–24.1.1963
23.1.1974–10.2.1975
9.2.1986–28.1.1987
28.1.1988–15.2.1989

Tiger

Der Tiger ist für die Chinesen ein Symbol der Tapferkeit; man glaubt, dass er die Menschen vor Dämonen schützen kann. Menschen, die im Zeichen des Tigers geboren sind, sind impulsive Kämpfernaturen, die sich auch gern für andere Menschen, für Ideale oder einen guten Zweck einsetzen, also beispielsweise für das Wohl der Armen oder politisch Unterdrückten kämpfen. Der Tiger ist kreativ, originell und sehr eigenwillig.

2.2.1927–22.1.1928
19.2.1939–7.2.1940
6.2.1951–26.1.1952
25.1.1963–12.2.1964
11.2.1975–30.1.1976
29.1.1987–16.2.1988
16.2.1999–3.2.2000

Hase (Katze)

Der Hase hat gern seinen Frieden und hasst alles, was seine Sicherheit und seine Bequemlichkeit stören könnte. Er ist vorsichtig, fast ängstlich, geht keine Risiken ein und unternimmt nichts, ohne vorher genau das Für und Wider erwogen zu haben. Auseinandersetzungen geht er aus dem Weg, und er kann es auch nicht vertragen, unter Druck gesetzt zu werden. Wegen seines freundlichen, sympathischen Wesens ist er bei den meisten Menschen beliebt. Er ist sehr kultiviert und hat ein Talent dafür, bei sich zu Hause eine schöne Atmosphäre zu schaffen, in der er auch gern Gäste bewirtet.

23.1.1928–9.2.1929
8.2.1940–26.1.1941
27.1.1952–13.2.1953
13.2.1964–1.2.1965
31.1.1976–17.2.1977
17.2.1988–5.2.1989
4.2.2000–24.1.2001

Drache

Anders als in Europa hat der Drache in China eine positive Bedeutung; er gilt als Symbol der männlichen, zeugenden Naturkraft und ist gleichzeitig Sinnbild des Kaisers. Menschen, die im Zeichen des Drachen geboren sind, neigen zur Dominanz und scheuen keine Konfrontation. Sie haben einen ausgeprägten Konkurrenzgeist und möchten am liebsten immer gewinnen. Der Drache ist ein impulsiver, hitziger Typ, kann sich nicht unterordnen und lässt sich nichts gefallen. Doch seinen Freunden steht er stets treu bei.

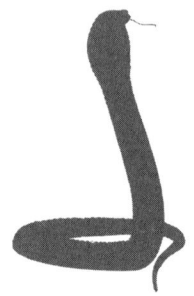

10.2.1929–29.1.1930
27.1.941–14.2.1942
14.2.1953–2.2.1954
2.2.1965–20.1.1966
18.2.1977–6.2.1978
6.2.1989–26.1.1990
25.1.2001–12.2.2002

Schlange

Die Schlange ist introvertiert und einzelgängerisch. Sie kann sich sehr gut allein beschäftigen und liebt das Gewohnte mehr als das Neue. Der im Zeichen der Schlange Geborene ist ein sinnlicher Typ: Sexualität und gutes Essen und Trinken sind ihm sehr wichtig. Wie die Schlange aus dem Tierreich kann er recht listig, ja sogar raffiniert sein, wenn es um die Verfolgung seiner Ziele und um den Kampf gegen Feinde geht: Wie der Biss der Schlange kommt sein Angriff stets überraschend und unerwartet.

11.2.1918–21.1.1919
30.1.1930–16.2.1931
15.2.1942–4.2.1943
3.2.1954–23.1.1955
21.1.1966–8.2.1967
7.2.1978–27.2.1979
27.1.1990–14.2.1991
13.2.2002–2.2.2003

Pferd

Das Pferd ist lebensfroh und reiselustig und möchte gern ungebunden sein. Am liebsten zieht es von einem Ort zum anderen. Es ist unberechenbar und kapriziös und nimmt das Leben nicht sonderlich ernst. Dabei ist es hochintelligent, hat keine Probleme damit, mehrere Aufgaben gleichzeitig auszuführen, und ist in seinem Element, wenn es anderen ein X für ein U vormachen kann. Andere Menschen zu überzeugen, fällt ihm nicht schwer. Es ist sehr romantisch, aber meistens nicht lange treu.

1.2.1919–19.2.1920
17.2.1931–5.2.1932
5.2.1943–24.1.1944
24.1.1955–11.2.1956
9.2.1967–29.1.1968
28.1.1979–15.2.1980
15.2.1991–3.2.1992
3.2.2003–20.1.2004

Ziege

Die Ziege verrät nicht gern etwas über sich, sie hört lieber zu, als ihre eigenen
Geheimnisse preiszugeben. Vielleicht hängt das mit ihrer Unsicherheit in
zwischenmenschlichen Beziehungen zusammen. Ihr Innerstes offenbart sie nur
Menschen, die sie gut kennt und zu denen sie hundertprozentiges Vertrauen hat.
Sie ist sehr einfühlsam und kultiviert und liebt Kunst, Literatur und gute Gesprä-
che mit intelligenten Menschen. An materiellen Dingen ist sie weniger interessiert.

20.2.1920–7.2.1921
6.2.1932–25.1.1933
25.1.1944–12.2.1945
12.2.1956–30.1.1957
30.1.1968–16.2.1969
16.2.1980–4.2.1981
4.2.1992–22.1.1993
21.1.2004–8.2.2005

Affe

Der Affe ist intelligent, erfinderisch und hat ein hervorragendes Gedächtnis. Er ist
witzig und humorvoll, und es fällt ihm nicht schwer, andere Menschen mit seinem
Charme und seiner geselligen Art zu begeistern. Der Affe-Geborene ist der typische „Hansdampf in allen Gassen" und hat im allgemeinen großen Erfolg beim
anderen Geschlecht. Aber es ist nicht immer leicht, mit ihm zusammenzuleben,
denn er mag keine Kritik und kann sehr empfindlich sein.

8.2.1921–27.1.1922
26.1.1933–13.2.1934
13.2.1945–1.2.1946
31.1.1957–17.2.1958
17.2.1969–5.2.1970
5.2.1981–24.1.1982
23.1.1993–9.2.1994
9.2.2005–28.1.2006

Hahn

Der Hahn gilt in China als mutiges, gutmütiges Tier, das das Böse vertreibt, und darf deshalb nicht gegessen werden. Das Bild eines roten Hahns schützt das Haus vor Feuer; ein weißer Hahn auf einem Sarg vertreibt Dämonen. Auch der im Zeichen des Hahns geborene Mensch kann sehr mutig sein und scheut sich nicht, seinen Standpunkt unmissverständlich klarzumachen. Er ist ein Idealist, der gern anderen Menschen hilft oder etwas für die Allgemeinheit tut. Allerdings ist er auch ein recht komplizierter Charakter und neigt manchmal dazu, das Leben zu ernst zu nehmen.

28.1.1922–15.2.1923
14.2.1934–3.2.1935
2.2.1946–21.1.1947
18.2.1958–7.2.1959
6.2.1970–26.1.1971
25.1.1982–12.2.1983
10.2.1994–30.1.1995
29.1.2006–15.2.2007

Hund

Der Hund ist sehr kommunikativ und scheut sich nicht, seine Meinung zu sagen. Wenn man ihm nicht zuhört oder ihn ignoriert, kann er ziemlich gereizt reagieren. Aber wenn man ihm das Gefühl gibt, erwünscht zu sein, ist er äußerst charmant und liebenswert. Er hat ein empfindliches Nervenkostüm und verliert rasch den Mut und neigt zu Schwarzseherei, wenn etwas nicht so läuft, wie es sollte; aber man kann ihn auch leicht wieder aufbauen. Da er sich oft zu viele Sorgen macht, braucht er Menschen um sich herum, die ihn ermutigen.

16.2.1923–4.2.1924
4.2.1935–23.1.1936
22.1.1947–9.2.1948
8.2.1959–27.1.1960
27.1.1971–15.1.1972
13.2.1983–1.2.1984
31.1.1995–18.2.1996
16.2.2007–5.2.2008

Schwein

Das Schwein symbolisiert in China männliche Stärke. Der im Zeichen des Schweins Geborene ist ein recht widersprüchlicher Charakter: manchmal schüchtern und menschenscheu, dann aber auch wieder energisch und selbstsicher, wenn es notwendig ist, zu handeln. Das Schwein ist am liebsten zu Hause; sein Familienleben geht ihm über alles. Es kann sehr hart arbeiten und lange und zäh kämpfen, um seine Ziele zu erreichen. Schwein-Typen sind freundlich, ehrlich und hilfsbereit; man kann ihnen blindlings vertrauen. Manchmal sind sie allerdings zu vertrauensselig und gutmütig und werden daher von anderen betrogen und ausgenutzt.

Symbolik des Tarot

Ein uraltes Orakelsystem

Der Tarot besteht aus 78 Karten: 22 so genannten Großen Arkana (manchmal auch als Trumpfkarten bezeichnet) und 56 Kleinen Arkana. Die Großen Arkana zeigen symbolische Figuren, Dinge und Eigenschaften wie beispielsweise Der Narr, Der Hohepriester, Der Eremit, Der Wagen, Die Kraft usw., während die Kleinen Arkana in vier Farbsätze gegliedert sind, die jeweils ein gemeinsames Symbol (Stab, Schwert, Münze oder Kelch) tragen. Innerhalb dieser Farbsätze gibt es Karten mit Werten von As (Eins) bis Zehn und die so genannten „Hofkarten": König, Königin, Ritter und Bube.

Aus den Kleinen Arkana sind unsere heutigen Spielkarten hervorgegangen – Stab, Schwert, Münze und Kelch wurden dabei zu den Spielkartenfarben Kreuz, Pik, Herz und Karo. Die Großen Arkana hingegen werden (in Kombination mit den Kleinen Arkana) ausschließlich zum Wahrsagen verwendet.

Die Herkunft der Tarotkarten liegt im Dunkeln. Erforscher des Tarot erkannten in ihnen das Wissen und die Weisheit der altägyptischen und indischen Religion und anderer großer religiöser und mythischer Überlieferungen der Vergangenheit. Manche Esoteriker wie beispielsweise Aleister Crowley sehen in den 22 Großen Arkana Entsprechungen der 22 Wege, die die 10 Sephiroth des kabbalistischen Lebensbaums miteinander verbinden. Weitgehende Einigkeit besteht darüber, dass die Tarotkarten vor Jahrhunderten durch Zigeuner bei uns eingeführt wurden, die diese Karten schon damals zum Wahrsagen benutzten.

Im Laufe der Zeit sind verschiedene Formen des Tarot entstanden. Die bekanntesten und beliebtesten sind der Rider-Waite-Tarot und der Crowley-Tarot. Der Rider-Waite-Tarot wurde Anfang des 19. Jahrhunderts von Arthur Edward Waite und Pamela Colman Smith geschaffen, die beide Mitglieder des esoterischen Ordens der Goldenen Dämmerung waren. Diese Karten erfreuen sich wegen der leichten Verständlichkeit ihrer Motive großer Beliebtheit.

Der Crowley-Tarot geht auf den berühmten englischen Okkultisten Aleister Crowley (1875–1947) zurück. Er ließ in diese Karten sein gesamtes magisches Wissen einfließen. Aufgrund der Tiefe ihrer Symbolik sind sie weniger leicht verständlich als die Rider-Waite-Karten.

Die 22 Großen Arkana sollen hier exemplarisch vorgestellt werden.

Der Narr

Aus dem Narren (der manchmal als einfacher Wanderer, manchmal als Hofnarr dargestellt wird) ist der Joker unserer heutigen Spielkarten entstanden. Im Tarot steht der Narr für Torheit, Leichtsinn und Unbekümmertheit: Man ist Spielball äußerer Einflüsse und blind für die Gefahr, die einem droht. Der nächste Schritt, den man tut, kann schlimme Folgen haben, wenn man nicht aufpasst.

Der Gaukler (der Magier, der Zauberer)

Der Gaukler ist ein Mensch, der sein inneres Gleichgewicht gefunden hat, seine Welt beherrscht und sein Leben im Griff hat. Er besitzt Initiative, Selbstvertrauen, Weisheit, Willenskraft und die Fähigkeit, Menschen und Ereignisse zu beherrschen und zu manipulieren. Daher hat er meistens Erfolg.

Die Hohepriesterin (die Päpstin)

Diese Karte steht für Intuition, göttliche Weisheit und Erleuchtung. Das Buch der Hohepriesterin ist Symbol des göttlichen Gesetzes, das das Universum regiert. Sie hat die Gesetze des Universums begriffen. Ihre Aufgabe besteht darin, andere Menschen zu belehren und zu beschützen – dazu benutzt sie ihr Wissen.

Die Herrscherin (die Kaiserin)

Die Herrscherin ist die Mutter, die für Glück und Harmonie auf der Welt sorgt. Diese Karte repräsentiert Sicherheit, Trost und Verständnis. Gleichzeitig steht sie für Schutz, Fruchtbarkeit, materiellen Besitz und den weiblichen Instinkt, der ohne nachzudenken die richtige Entscheidung trifft.

Der Herrscher (der Kaiser)

Der Herrscher steht für weltliche Macht und Autorität und symbolisiert gleichzeitig den Vater und den weisen Lehrer. Er beschützt die Menschen, die ihm anvertraut sind, und ist notfalls auch bereit, für die häusliche Harmonie zu kämpfen.

Der Hohepriester (der Papst, der Hierophant)

Der Hohepriester, der segnend die Hände hebt, steht für religiöse Autorität. Die Karte symbolisiert einen Menschen, der anderen den Weg zur Erleuchtung zeigen kann; sie kann aber auch bedeuten, dass man selbst eine Lebensphase erreicht hat, in der man für spirituellen Fortschritt und spirituelle Erkenntnisse bereit ist.

Die Liebenden (die Entscheidung, die Liebe)

Diese Karte bedeutet, dass eine Entscheidung in Liebesdingen getroffen werden muss. Sie kann auch eine enge Verbindung zwischen zwei Menschen (Liebe oder Freundschaft) symbolisieren; oft müssen die beiden erst noch ein Hindernis überwinden, um zueinander zu finden.

Der Wagen (der Triumph, der Sieger)

Diese Karte bedeutet, dass Hindernisse überwunden werden und Vorhaben zum Erfolg geführt werden können; dies bedarf aber ruhiger, umsichtiger Planung, eines starken Willens und richtiger Entscheidungen.

**Die Gerechtigkeit (das Gleichge-
wicht, die Ausgleichung)**

Die Frau mit den Waagschalen in der
Hand ist ein Symbol für die vorur-
teilsfreie göttliche Gerechtigkeit. Wer
diese Karte zieht, der wird Gerechtigkeit erfahren: Das heißt, die Seite,
die im Recht ist, wird siegen. Manchmal ist die Karte auch ein Hinweis
auf ein Gerichtsverfahren.

**Der Eremit (der Einsiedler, der
Weise, die Zeit)**

Der Eremit, der zurückgezogen in
der Einsamkeit lebt, steht für Weisheit, Besonnenheit und Verständnis;
seine Laterne ist ein Symbol für das
Licht, das er mit dieser inneren Haltung in die Dinge bringen kann. Die
Karte mahnt uns dazu, in uns zu
gehen und alle Dinge, Menschen
und Umstände in unserem Umfeld
genau und aufmerksam zu betrach-
ten, um den richtigen Weg zu finden. Sie steht für Umsicht, Vorsicht
und Lernen durch Erfahrung.

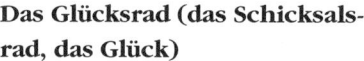

**Das Glücksrad (das Schicksals-
rad, das Glück)**

Diese Karte ist ein Symbol für den
ewigen Kreislauf der Welt und das
Auf und Ab des Schicksals. Sie
besagt, dass es Dinge im Leben gibt,
die einfach geschehen, ohne dass
man sie beeinflussen könnte: Zufall,
blindes Schicksal. Steht die Karte
aufrecht, so ist sie positiv zu werten
(Glück, eine positive Schicksalswen-
dung); steht sie dagegen auf dem
Kopf, so deutet sie auf Unglück oder
Probleme (eine negative Schicksals-
wendung) hin.

Die Kraft (die Stärke; Lust)

Diese Karte steht für Energie, star-
ken Willen, Ausdauer und innere
Kraft, die ein Mensch besitzt oder
besitzen muss, um eine Situation zu
meistern oder Hindernisse aus dem
Weg zu räumen. Wer diese Kraft und
Entschlossenheit hat, dem ist der
Erfolg gewiss.

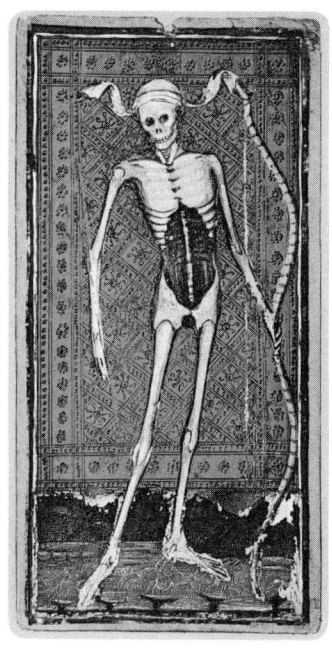

Der Gehängte (die Prüfung)

Die Karte ist nicht so negativ, wie sie auf den ersten Blick aussieht: Sie steht vielmehr für eine Prüfung, die es zu bestehen gilt. Unter Umständen muss man auch ein Opfer bringen, um ein höheres Ziel zu erreichen oder innerlich zu wachsen.

Der Tod

Auch diese Karte ist nicht unbedingt negativ zu bewerten. Sie steht nicht für den physischen Tod, sondern vielmehr für das Absterben von etwas Altem und den Beginn von etwas Neuem. Wer diese Karte zieht, für den kann eine völlig neue Lebensphase beginnen; eine abrupte Veränderung, ein Bruch mit der Vergangenheit steht bevor. Die Karte kann auch auf das Ende einer engen Beziehung hindeuten.

Die Mäßigkeit (Kunst)

Diese Karte mahnt denjenigen, der sie zieht, zu Mäßigung, Geduld und Selbstbeherrschung. Oft symbolisiert sie eine Zeit des Wartens, in der sich nichts vorwärtszubewegen scheint. Jetzt ist Geduld und Maßhalten, vielleicht sogar Sparsamkeit gefragt. Wer die Lektion lernt, wird sein Ziel erreichen.

Der Teufel

Diese Karte steht für eine böse Kraft, die darauf abzielt, die göttliche Harmonie zu stören und Chaos zu schaffen. Häufig symbolisiert sie eine Lebensphase, in der wir von negativer Energie umgeben sind – wir sind widrigen Umständen, störenden Einflüssen ausgesetzt, gegen die wir nicht viel tun können, oder ein Unglück steht bevor.

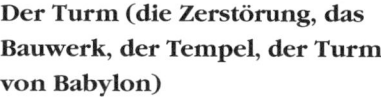

Der Turm (die Zerstörung, das Bauwerk, der Tempel, der Turm von Babylon)

Diese Karte ist eine Anspielung auf die biblische Geschichte vom Turmbau zu Babel: Gott zerstörte in seinem Zorn das Werk menschlichen Übermuts und Machtmissbrauchs. Der Turm stürzte in sich zusammen. Auf das menschliche Schicksal übertragen, bedeutet dies, dass eine unerwartete Veränderung, ein Unglück bevorsteht, das man sich jedoch selbst zuzuschreiben hat: Denn die Ursache der Katastrophe ist mangelndes Urteilsvermögen, Unbesonnenheit oder Machtmissbrauch.

Der Stern (die Sterne)

Der Stern symbolisiert die weise Frau – Weisheit und Verständnis, die Fähigkeit, sich die richtigen Ziele zu setzen und diese auch zu erreichen. Wer diese Karte zieht, hat gute Aussichten im Leben und kann auf einen Fortschritt hoffen, der ihn der Erreichung seiner Ziele näherbringt.

Der Mond

Das ist die Karte des Träumers, der Illusionen nachhängt. Sie steht für Irrtum oder Betrug und mahnt den Betreffenden, sein Schicksal aktiv in die Hand zu nehmen und den Dingen ins Auge zu sehen, statt sich Träumereien und Selbsttäuschungen hinzugeben. Die Karte kann auch vor einer verborgenen Gefahr oder einem unehrlichen Menschen warnen.

Die Sonne

Diese Karte hat eine uneingeschränkt positive Bedeutung: Sie steht für Glück, Zufriedenheit, Freude, Wohlstand und Erfolg. Oft symblisiert sie einen Neubeginn (beispielsweise eines Projekts oder einer Idee) oder eine glückliche Vereinigung (zum Beispiel eine Heirat).

**Das Gericht (das Urteil, die Auf-
erstehung, der Engel, das Aeon)**

Diese Karte (ein Bild des Jüngsten
Gerichts) symbolisiert das Ende des
alten Lebens und den Beginn eines
neuen. Die Veränderungen sind
durchweg positiv: Die bevorste-
hende neue Lebensphase wird besser sein als die alte.

Die Welt (das Universum)

Diese Karte steht für Belohnung:
Man erreicht sein Ziel, für das man
vielleicht hart gearbeitet hat, hat
Erfolg, findet Erfüllung und innere
Harmonie. Etwas gelangt zur Vollen-
dung.

Symbole der Liebe und Erotik

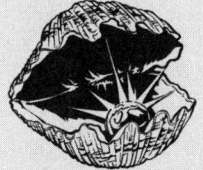  

Die Symbolsprache der Liebe

Da Liebe und Sexualität im menschlichen Leben schon immer eine beherrschende Rolle spielten, ist es kein Wunder, dass sich eine Fülle an Bildern
und Symbolen um dieses Thema rankt.

Symbole für das Männliche und das Weibliche

Fast alle Völker und Kulturen besitzen Symbole für das männliche und das
weibliche Prinzip, zwischen denen eine erstaunliche Übereinstimmung
besteht.

So werden dem Männlichen und dem Weiblichen beispielsweise
bestimmte Himmelskörper, Elemente, Farben und symbolische Eigenschaften zugeordnet. Die Sonne gilt bei vielen Völkern als Verkörperung des
männlichen Prinzips, während der Mond dem weiblichen Element entspricht. Auch in der Alchemie ist dies so. In der chinesischen Philosophie
werden dem weiblichen, passiven Prinzip (Yin) Mond, Nacht, Dunkelheit
und Erde zugeordnet, während Sonne, Tag, Helligkeit und Himmel das
männliche, aktive Prinzip (Yang) verkörpern.

Sonne als Symbol für das
männliche Prinzip

Nicht nur bei den Chinesen, die sämtliche
Dinge und Erscheinungen einem dieser beiden
Pole (Yin oder Yang) zuordnen, sondern auch
in vielen anderen Kulturen gilt das Feuer mit
seinen zum Himmel emporzüngelnden Flammen als männliches Element, die Erde (manchmal auch das der Erde verwandte Wasser) hingegen als weibliches Element.

Unter den Planeten gilt der Mars als Verkörperung des männlichen, die Venus als Verkörperung des weiblichen Prinzips. Daher werden
die Symbole dieser Planeten in der Biologie als
Piktogramme für das männliche bzw. das weibliche Geschlecht verwendet.

Der Mond steht für das
weibliche Prinzip.

Geschlechtsspezifische Farben sind das dem
Himmel zugeordnete Blau und das dem Element Erde entsprechende Rot bzw. Rosa – noch
heute werden männliche und weibliche Babys
häufig in diesen Farben gekleidet.

Fruchtbarkeitsriten und Liebeszauber

Viele Naturvölker glauben, dass der Himmel oder Himmelsgott (männliches Prinzip) die Erde (weibliches Prinzip) durch Sonnenstrahlen, Regen oder Tau befruchtet. Auch in vielen Fruchtbarkeitsriten verkörpert ein Partner den Himmel und der andere die Erde. Die Erde wird als liegende Frau gesehen, die rituell begattet und dadurch fruchtbar gemacht wird. Zu diesen Ritualen gehört beispielsweise der Vollzug des Geschlechtsakts auf der Erde oder dem Acker.

In vielen Liebes- und Fruchtbarkeitszaubern stehen Schweiß und Speichel symbolisch für die Zeugungsflüssigkeiten. So war es beispielsweise bei den transsylvanischen Zigeunern üblich, unfruchtbare Frauen Wasser trinken zu lassen, in die ein Mann hineingespuckt hatte, um sie fruchtbar zu machen. In Oldenburg, Schlesien und Böhmen gab man seinem (oder seiner) Angebeteten als Liebeszauber einen Apfel, den man vorher so lange in seiner Achselhöhle getragen hatte, bis er von Schweiß durchtränkt war.

Psychoanalytische Sexualsymbolik

Für Sigmund Freud sind Sexualsymbole verhüllende Ausdrucksformen verdrängter sexueller Wünsche. Viele Sexualsymbole erinnern in ihrer Form an männliche bzw. weibliche Geschlechtsorgane: So stehen beispielsweise Schalen, Gefäße und Hohlräume (etwa Häuser und Gräber) symbolisch für das weibliche Sexualorgan, während längliche, hohe Gegenstände (Speer, Schwert, Speer) das männliche Geschlechtsorgan repräsentieren. Ein Beispiel für solche Symbole (die auch in Träumen eine wichtige Rolle spielen) ist der Schlüssel und sein weibliches Pendant dazu – das Schloss.

Ähnliche Symbole gibt es in fast allen Völkern und Kulturen: Bei den Mamabolo in Ostafrika ist beispielsweise das Kuhhorn ein beliebtes Phallussymbol und wird auch tatsächlich dazu verwendet, um die jungen Mädchen zu deflorieren. Auch in der Mythologie spielen sie eine wichtige Rolle – man denke nur an das legendäre Einhorn, das der Sage nach nur von einer Jungfrau gefangen werden kann, in deren Schoß es seinen Kopf bettet.

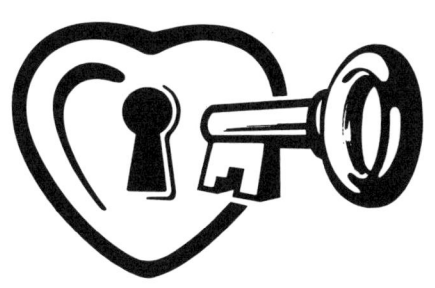

Schlüssel und Schloss als Sexualsymbole

Das Herz – ein uraltes Symbol der Liebe

Schon seit jeher gilt das Herz als Sitz der Seele und des Gefühls. Daher ist es kein Wunder, dass es auch als Liebessymbol verwendet wird – entweder allein oder in Form zweier ineinander verschlungener Herzen. Ein beliebtes Liebessymbol ist auch das von einem Pfeil durchbohrte Herz – eine Anspielung auf den Liebesgott Amor, der der Sage nach mit seinen Pfeilschüssen die Liebe in den Herzen der Menschen erweckt. Ein gebrochenes Herz ist ein Symbol für die Trauer um den Verlust eines geliebten Menschen.

Rote Rosen

Wegen ihres köstlichen Duftes und ihrer Schönheit ist die Rose (insbesondere die rote Rose) ein Liebessymbol. Dieser Symbolsprache bedient man sich beispielsweise, wenn man seiner Angebeteten rote Rosen schenkt.

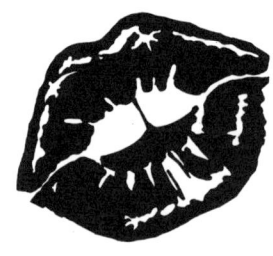

Kuss

Usprünglich lag der Berührung der Lippen zweier Menschen die Vorstellung von einer Kraftübertragung durch den Atem zugrunde. Der Kuss kann Zeichen der Freundschaft, Verehrung oder auch Liebe sein: So bringt man mit dem Handkuss beispielsweise Verehrung, mit dem Kuss auf die Wange Freundschaft zum Ausdruck, während der rote Kussmund in der Werbung oder unter Liebesbriefen ein Symbol der Liebe und Erotik ist. Der Zungenkuss leitet sich möglicherweise von der bei vielen Tieren üblichen Mund-zu-Mund-Fütterung her.

Tiere als Sexualsymbole: Muschel und Schlange

Ein häufiges Symbol für das männliche Geschlechts-organ ist die Schlange, während die Muschel mit einer Perle im Inneren die weibliche Scheide mit Klitoris (Perle) versinnbildlicht.

Freundschafts-, Verlobungs- und Eheringe

Aufgrund seiner runden Form hat der Ring eine ähnliche symbolische Bedeutung wie der Kreis: Er hat weder Anfang noch Ende und steht daher für die Ewigkeit, für Dauer und Beständigkeit. Das ließ ihn wohl zum Symbol der Bindung und Verbindung werden. In römischer Zeit und im Frühmittelalter erhielt nur die Frau einen Verlobungsring. In den Epen des Hochmittelalters wird bereits der Ringtausch erwähnt. Der Ehering hat sich aus dem römischen Verlobungsring entwickelt und wurde zu einem Symbol der Treue und Unauflösbarkeit der Ehe. Liebes-

und Freundschaftsringe gibt es seit dem Mittelalter. Verlor oder zerbrach man einen Ehe- oder Freundschaftsring, so galt das als ein Anzeichen für Untreue oder dafür, dass die Beziehung unglücklich werden würde.

Auf Hochzeitskarten und in Heiratsanzeigen sind häufig zwei ineinandergeschobene Ringe als Symbol der Eheschließung abgebildet.

Reis und Konfetti – uralte Fruchtbarkeitssymbole

Es ist eine uralte Sitte, frisch verheiratete Paare mit Reiskörnern zu überschütten. Der Reis – in vielen Regionen der Erde als Grundnahrungsmittel unentbehrlich – ist ein uraltes Fruchtbarkeitssymbol; die Reiskörner bedeuten, dass man dem frisch gebackenen Ehepaar Kindersegen wünscht. Heute sind vielfach Konfetti an die Stelle der Reiskörner getreten.

Traumsymbole

Warum träumen wir?

Schon seit Jahrtausenden beschäftigen die Menschen sich mit dem Thema „Traum" und der Frage, was unsere Träume uns eigentlich mitteilen wollen. Doch erst durch die moderne Schlafforschung – eine relativ junge Wissenschaft – ist man der Lösung des Rätsels ein wenig nähergekommen. Dennoch sind auch heute noch viele Fragen offen.

Erst seit wir mithilfe des EEGs (Elektroenzephalogramms) die elektrischen Hirnströme messen und auswerten können, wissen wir Genaueres darüber, was sich während des Schlafs in unserem Gehirn abspielt. Die wichtigsten Ergebnisse der Schlafforschung, kurz zusammengefasst: Jeder Mensch träumt, und zwar jede Nacht, auch wenn er sich nach dem Aufwachen nicht mehr an seine Träume erinnern kann. Wir verbringen etwa 20 Prozent unserer Schlafzeit träumend, wobei der Konsum von Alkohol und bestimmten Schlafmitteln den Traumschlafanteil verringert.

Man unterscheidet fünf verschiedene Schlafstadien, die die ganze Nacht über in einem bestimmten Muster nacheinander ablaufen. Jedes dieser Stadien lässt sich durch charakteristische elektrische Signale an der Hirnrinde messen. Nach dem Wegtauchen aus dem Wachzustand verbringen wir rund fünf bis zehn Minuten im Schlafstadium 1, dann weitere fünf bis zehn Minuten im Schlafstadium 2. Diese beiden Stadien sind dem Leichtschlaf zuzuordnen. Anschließend gelangen wir in die Tiefschlafphasen 3 und 4, aus denen wir nur noch schwer zu wecken sind. Nach 30 bis 40 Minuten Tiefschlaf kommen wir über eine weitere Leichtschlafphase zum REM-Schlaf.

In dieser Schlafphase haben wir die meisten und intensivsten Träume, obwohl das Hirnstrombild (EEG) dabei dem des Wachzustands ähnelt. Die Abkürzung REM steht für „rapid eye movement", denn diese Schlafphase ist durch rasche Augenbewegungen gekennzeichnet. Alle anderen Muskeln außer der Augenmuskulatur sind jedoch gelähmt, und das ist auch gut so, denn sonst würden wir bei lebhaften Träumen wild um uns schlagen. In dieser Schlafphase kommen häufig sexuelle Erregungen vor.

Über die Funktion unserer Träume gibt es verschiedene Theorien. Der Psychologe Sigmund Freud war der Auffassung, dass viele Träume sexuelle Wünsche und Bedürfnisse widerspiegeln. Für seinen Schüler C. G. Jung dagegen sind viele der Bilder, die in unseren Träumen auftauchen, Archetypen (Urbilder) aus dem kollektiven Unbewussten der Menschheit: Sie gehen über den Bereich des Sexuellen hinaus und erschließen uns eine spirituelle Dimension. Aus psychoanalytischer Sicht sind zumindest manche unserer Träume verschlüsselte Botschaften aus dem Unbewussten, die uns wichtige Erkenntnisse über uns selbst, unsere Probleme und unsere momentane Situation vermitteln und die uns in unserem Leben weiterhelfen könnten, wenn es uns nur gelänge, sie zu entschlüsseln. Sicher haben wir alle schon einmal die Erfahrung gemacht, dass bestimmte Motive, Situationen und Gefühle (z. B. Ängste, Gefahrensituationen etc.) in unseren Träumen immer wiederkehren. So können ständig wiederkehrende Alpträume mit immer gleichen oder ähnlichen Inhalten beispielsweise ein Hinweis auf ein noch nicht richtig verarbeitetes, vielleicht auch unbewusstes traumatisches Erlebnis sein. Es lohnt sich, sich mit solchen Träumen näher zu beschäftigen und ihren Sinn bzw. ihren Zusammenhang mit unserer momentanen Lebenssituation zu ergründen.

Daneben kommen in unseren Träumen aber auch so genannte Tagesreste vor: Elemente dessen, was wir am Tag zuvor erlebt haben und nun im Traum verarbeiten. Mehr als 50 Prozent aller Träume enthalten solche Auszüge aus dem Vortag. Neuere Theorien der Traumforschung gehen davon aus, dass die Träume bzw. der REM-Schlaf vor allem der Verarbeitung und Ordnung von Informationen dienen, die wir tagsüber aufgenommen haben. Dabei nimmt unser Gehirn auch eine Auslese vor: Informationen, die es als unwichtig empfindet, werden gelöscht, wichtige Dinge werden längerfristig gespeichert.

Darauf ist vielleicht das Phänomen zurückzuführen, dass uns manche wichtige Eingebungen und Erkenntnisse gewissermaßen „im Schlaf" kommen oder dass uns bei der Vorbereitung auf eine Prüfung der Lernstoff, der am Abend noch überwältigend und chaotisch erschien und partout nicht in unseren Kopf hineingehen wollte, am nächsten Morgen, wenn wir eine Nacht „darüber geschlafen" haben, oft viel klarer und geordneter erscheint. Es ist erwiesen, dass REM-Schlafentzug das Lernen erschwert und die Aufmerksamkeit beeinträchtigt. Meist erinnern wir uns nur an die Träume, die wir kurz vor dem Aufwachen haben. Man kann das Erinnern seiner Träume aber bis zu einem gewissen Grad einüben, indem man beispielsweise abends vor dem Einschlafen mehrmals vor sich hinspricht: „Ich will mich an meine Träume erinnern" und indem man regelmäßig ein Traumtagebuch führt, das man auf den Nachttisch legt und in dem man seine Träume gleich nach dem Aufwachen notiert – denn viele Traumdetails hat man kurze Zeit später schon wieder vergessen.

Es ist sehr sinnvoll, in diesem Traumtagebuch auch jeden Abend die wichtigsten Ereignisse des Tages und die Probleme und Sorgen festzuhalten, die einen momentan besonders beschäftigen – das hilft, mögliche Zusammenhänge zwischen der Alltagsrealität und den Träumen zu erkennen. Wenn man seine Träume über einen längeren Zeitraum hinweg aufzeichnet, erkennt man auch so genannte Traumreihen – bestimmte Traummotive und -situationen, die sich immer wiederholen. Oft kommt man erst hinter den Sinn solcher Träume, wenn man sich längere Zeit damit beschäftigt hat.

Zwar werden in der Traumdeutung bestimmten Gegenständen und Situationen, die in Träumen häufig vorkommen, symbolische Bedeutungen zugeordnet. Diese Deutungen können jedoch nur eine grobe Orientierungshilfe sein; man kann sie nicht pauschal auf jeden Traum anwenden. Daher ist es wichtig, bei der Deutung seiner Träume stets seine individuelle Situation im Auge zu behalten und auch den möglichen Zusammenhang mit Tagesereignissen zu berücksichtigen. So steht beispielsweise ein wildes Tier wie der Tiger im Traum häufig für unsere sexuellen Wünsche und Instinkte, für die animalische Seite unseres Wesens; war die betreffende Person jedoch am selben Tag im Zoo und hatte dort möglicherweise ein besonderes Erlebnis bei der Beobachtung eines Tigers, so kann es sich bei dem Tiger-Traum auch einfach nur um einen „Tagesrest" handeln. Mit ein wenig Übung wird es nach und nach immer besser gelingen, die eigenen Träume richtig zu deuten.

Traumsymbole von A bis Z

Abgrund

Ein Traum von einem Abgrund kann eine Warnung vor einem drohenden Absturz sein. Da wir normalerweise nichts Zukünftiges vorausträumen können (zwar glauben manche Menschen daran, doch ist dies wissenschaftlich nicht erwiesen), ist das kein „hellsichtiger" Traum von einem bevorstehenden Unheil, sondern eher ein Zeichen dafür, dass wir vor irgend etwas Angst haben oder dass unser Unterbewusstsein irgendwo eine Bedrohung oder Gefahrensituation wahrnimmt, vor der es uns warnen will. Man sollte seine derzeitige Lebenssituation kritisch überdenken, um dahinter zu kommen, was mit dem „Abgrund" gemeint sein könnte.

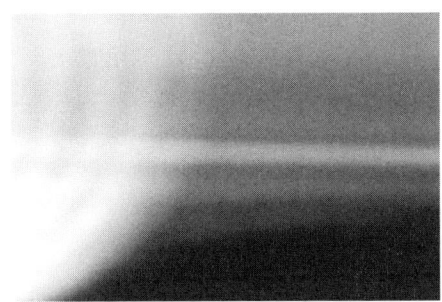

Abschied

Ein Abschied muss nicht immer etwas Schmerzliches sein, sondern kann auch eine innere Ablösung, einen Neubeginn bedeuten. Wichtig ist es daher, stets auch auf die Gefühle zu achten, von denen ein solcher Traum begleitet ist. Empfindet man bei dem Abschied im Traum Schmerz oder Gleichgültigkeit oder vielleicht sogar ein Gefühl der Erleichterung?

Akne, Pickel, Ausschlag

Ein Symbol für mangelndes Selbstbewusstsein, Hemmungen oder das Gefühl, nicht attraktiv genug zu sein. Man lehnt sich innerlich ab oder fühlt sich anderen Menschen gegenüber unsicher.

Auf-der-Stelle-Treten

Verzweifelter Versuch des Unbewussten, sich aus einer schwierigen Situation oder einer Blockade zu befreien – irgendeine Situation, in der man nicht weiterkommt.

Aufspießen

Das Aufgespießtwerden im Traum hat meist eine sexuelle Bedeutung, das bei Frauen auf die Angst vor dem Geschlechtsakt, vor der aggressiven Seite der Sexualität hindeuten kann.

Auswanderung

Vielleicht sucht man nach neuen Impulsen, einem (seelischen oder realen) Abenteuer, möchte das Bisherige, Altvertraute über Bord werfen und etwas Neues kennen lernen. Oder es steht einem eine Veränderung bevor, eine neue Situation, von der man noch nicht weiß, wie sie sich auf das künftige Leben auswirken wird. Auch hier ist es wichtig, auf die hiermit einhergehenden Gefühle zu achten. Freut man sich auf den Neubeginn, ist man gespannt auf das Neuland, das man betreten wird, oder hat man eher ein ungutes, ängstliches Gefühl dabei?

Autopanne, Stau

Die Autopanne oder der Stau, in den man gerät, kann ein Symbol dafür sein, dass im eigenen Leben etwas ins Stocken geraten ist und sich nicht recht weiterentwickelt. Vielleicht steckt auch ein Fehler – eine „Panne" – in den Plänen, die man für seine Zukunft gemacht hat.

Autoritätsperson

Autoritätspersonen wie Chef, Vater oder Lehrer kommen in Träumen öfters vor. Wenn solche Träume sich häufig wiederholen und mit Ängsten oder unangenehmen Gefühlen verbunden sind, sollte man darüber nachdenken, ob es im eigenen Leben Autoritätspersonen gibt, von denen man sich erdrückt fühlt, oder ob man vielleicht in der Vergangenheit Probleme mit einer solchen Person (etwa mit einer übermächtigen Vaterfigur) hatte, die einen immer noch prägen. Gibt es im Berufsleben womöglich eine mächtige Person, die einem nicht wohlgesonnen ist und von der man etwas zu befürchten hat? Gibt der Traum Aufschluss darüber, wie man mit diesem Autoritätsproblem umgehen könnte, um es zu lösen?

Baby

Symbol für einen Kinderwunsch, aber auch allgemein für die Sehnsucht nach etwas Neuem.

Bad

Ein Bad kann für den Wunsch nach Erneuerung oder innerer Reinigung stehen oder auch ein Hinweis auf Schuldgefühle sein: Man will etwas von sich abwaschen.

Bahnhof

Der Bahnhof steht für einen Aufbruch zu einem neuen Ziel. Man befindet sich in einer Situation, in der einen etwas Neues, eine Veränderung erwartet.

Bar, Kneipe, Café, Restaurant

Man sucht Abwechslung vom Alltag, Geselligkeit, neue (möglicherweise auch nur flüchtige, oberflächliche) Kontakte. Vielleicht hat man in seiner momentanen Lebenssituation ein Defizit an Kommunikation? Oder will man dem immer gleichen Alltagstrott zu Hause entfliehen und Abenteuer erleben?

Baum

Ein Symbol für die Kraft und Energie der Natur oder auch für inneres Wachstum.

Begräbnis

Ein Traum von einer Beerdigung bedeutet nicht, dass jemand sterben wird, sondern ist oft auch nur ein Hinweis darauf, dass man etwas Vergangenes begraben muss. Vielleicht hat sich etwas in unserer Beziehung zu dem Menschen, der im Traum gestorben ist, verändert? Hinter dem Traum kann aber auch einfach nur die Angst davor stecken, diesen Menschen zu verlieren.

Berg, Fels

Ein Hindernis im Leben, das überwunden werden muss, eine schwierige Aufgabe, eine Herausforderung. Der Inhalt des Traums und die damit verbundenen Gefühle (gelingt es, den Berg zu ersteigen, oder nicht?) geben Aufschluss darüber, ob man sich der Herausforderung gewachsen fühlt.

Besen

Symbol für eine „Reinigung" der Seele oder für die Lösung eines Problems. Alles Alte, Nutzlose und Überflüssige wird hinweggefegt. Der Besen kann aber auch ein männliches Sexualsymbol sein.

Bibliothek

Der Besuch in einer Bibliothek steht für die Sehnsucht nach Weisheit und einer Orientierungshilfe für die Gestaltung unseres Lebens. Für C.G. Jung ist die Bibliothek ein Symbol für das kollektive Unbewusste.

Brand

Feuer kann für Leidenschaft, Zerstörung und Gefahr stehen, ist aber gleichzeitig auch etwas Reinigendes.

Briefe

Man erwartet eine Nachricht, möchte neue Kontakte knüpfen, sehnt sich nach Kommunikation.

Brücke

Eine Brücke kann Hindernisse überwinden und Menschen zusammenführen, ist also im allgemeinen positiv zu deuten – sie steht für die Lösung eines Problems, eine Verbindung oder die Überbrückung von Meinungsverschiedenheiten. Ist die Brücke allerdings defekt oder stürzt gar in sich ein, so will einen das Unbewusste vielleicht vor etwas warnen. Das kann eine nicht tragfähige Beziehung oder auch ein Vorhaben sein, das auf unsicheren Füßen steht.

Brunnen

Der Brunnen steht für das Seelenleben und für Erkenntnisse aus dem Unterbewusstsein, die uns befruchten und neue Impulse geben können. Ein ausgetrockneter Brunnen weist darauf hin, dass man dringend neue Anregungen braucht.

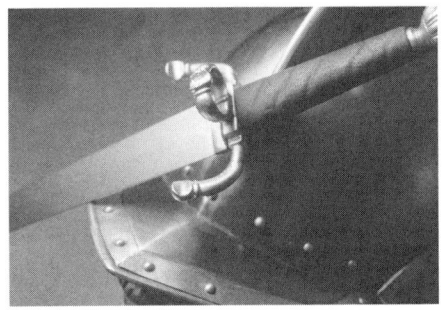

Degen, Dolch

Ein männliches Sexualsymbol, das für sexuelle Wünsche steht (ähnlich wie Messer und Schwert). Ein rostiger Degen ist ein Hinweis auf verletzte Männlichkeit.

Dorf

Sehnsucht nach Ruhe, Beschaulichkeit, Frieden, Geborgenheit und einer natürlichen Lebensweise.

Dornen

Die Seele leidet unter irgend etwas, man fühlt sich bedroht oder gefangen.

Dschungel

Der Dschungel ist ein Symbol für das schwer zu durchdringende Unbewusste, vor dem man vielleicht Angst hat oder das man näher erkunden muss. Ein Dschungeltraum kann aber auch bedueten, dass man sich nach Abenteuer und Abwechslung sehnt.

Eber

Der Eber steht für Aggressivität und Bedrohung, kann aber auch ein Symbol für animalische Instinkte und Sexualität sein.

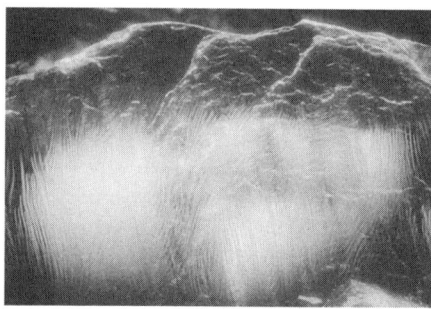

Eile

Wenn man davon träumt, verfolgt zu werden oder einen bestimmten Termin unbedingt einhalten zu müssen (und Angst davor hat, es nicht zu schaffen), steht man vielleicht im realen Leben unter irgendeinem Druck oder hat Versagensängste.

Einbrecher

Der innere Frieden ist bedroht, wir fühlen uns innerlich bedrängt oder haben Angst, dass irgend etwas oder jemand in unser wohlgeordnetes Leben eindringt und es in Unordnung bringt. Das können Menschen oder auch Gefühle sein. Möglicherweise fürchtet man sich auch vor einem Verlust.

Eltern

Der Traum von Eltern (oder von einem Elternteil) bedeutet häufig, dass man Probleme mit den Eltern hat, die noch nicht aufgearbeitet sind. Vielleicht gibt es Konflikte mit den Eltern, oder man hat Probleme, sich abzunabeln?

Ertrinken

Ein Angsttraum. Man fühlt sich sehr bedroht, hat ernsthafte Probleme, in denen man unterzugehen fürchtet.

Fall, Sturz

Ein sehr häufiger Traum, der verschiedene Bedeutungen haben kann: Manche interpretieren ihn als Verlust an Macht und Selbstvertrauen, andere sehen in ihm eine sexuelle Bedeutung (schlechtes Gewissen beim Sexualakt).

Feind

Meist stehen Feinde im Traum nicht für äußere Gegner, sondern für Feinde im eigenen Inneren, gegen die man ankämpfen muss.

Fenster

Ein Fenster symbolisiert häufig Sehnsucht nach einem Ausweg, einer Lösung oder einer Chance. Es handelt sich um einen Wunsch- bzw. Hoffnungstraum.

Fesseln

Fesseln im Traum stehen für Beschränkungen oder Belastungen: Man kann nicht so, wie man gerne möchte. Oft ist es eine Beziehung, durch die man sich eingeengt und in seiner Freiheit eingeschränkt fühlt.

Fest

Ein positiver Traum von Kontakten, Kommunikation und Lebensfreude. Wenn man nicht an dem Fest teilnehmen darf, kann der Traum jedoch auch Kummer über Vereinsamung bedeuten: Man fühlt sich ausgeschlossen.

Flucht

Ein Angsttraum, der auftaucht, wenn man sich einer bestimmten Situation nicht gewachsen fühlt: Man rennt vor dem Problem fort, statt sich ihm zu stellen. Für die Deutung des Traums ist es wichtig, wovor bzw. vor wem man davonläuft.

Flugtraum

Ein häufiger Traum, der sehr unterschiedlich gedeutet wird: Freud sah in ihm ein Symbol des Orgasmus, Jung interpretierte ihn als den Wunsch, Probleme zu lösen und sich von Beschränkungen zu befreien.

Geld

Sehnsucht nach Reichtum oder Angst vor Armut, finanzielle Sorgen. Oft geht es jedoch gar nicht um Geld, sondern um Gewinn oder Verlust im übertragenen Sinn.

Gewehr

Das Gewehr und das Schießen kann ein männliches Sexualsymbol sein, aber auch Aggressivität bedeuten: Man empfindet Hass oder hat das Gefühl, sich nur noch mit Gewalt wehren zu können.

Grundstück

Stolz auf etwas Erworbenes. Ist das Grundstück umzäunt, sehnt man sich nach Sicherheit, es besteht aber auch die Gefahr der Abkapselung.

Haar

Das Haar ist ein Symbol für sexuelle Attraktivität und Lebenskraft. Träume von Haarausfall oder Glatze weisen darauf hin, dass man Angst vor einem Verlust seiner Vitalität oder körperlichen Attraktivität hat.

Haus

Das Haus steht für die Persönlichkeit des Träumenden. Der Zustand des Hauses verrät, wie es um die Persönlichkeit bestellt ist. Ist es in gutem Zustand oder verfallen und reparaturbedürftig, sauber aufgeräumt oder chaotisch? Freud sah im Haus ein Symbol des weiblichen Geschlechtsorgans.

Hinrichtung, Prozess

Träume, in denen man hingerichtet oder einem der Prozess gemacht wird, können auf Schuldgefühle hindeuten: Man hat das Gefühl, wegen irgend etwas bestraft werden zu müssen.

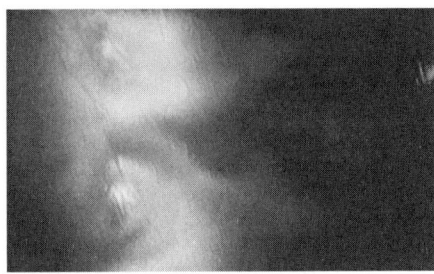

Impotenz

Angst vor Versagen in einer Prüfung, im Beruf oder einer Beziehung (nicht nur in sexueller Hinsicht).

Injektion

Häufig verbrigt sich dahinter ein Symbol für den Geschlechtsakt.

Insel

Sehnsucht nach einem Ruheplatz, nach Einsamkeit und Besinnung. Die Insel kann aber auch ein Symbol für Isolation sein.

Kampf

Aggression, oft gepaart mit der Angst vor dem Unterliegen.

Kartenleger, Handleser, Astrologe

Man hat ein Problem, mit dem man nicht weiterkommt, und erhofft sich Rat oder eine Lösung durch Außenstehende.

Kelch

Ein häufiges Symbol für das weibliche Geschlechtsorgan bzw. den Mutterschoß.

Keller

Das Haus symbolisiert die Gesamt-
persönlichkeit eines Menschen;
dementsprechend steht der Keller
für das Unbewusste. Ist er unaufge-
räumt oder gar eingestürzt, so leidet
man vielleicht unter seelischen
Belastungen, denen man sich nicht
gewachsen fühlt.

Kerze

Ein männliches Sexualsymbol. Die Kerze kann aber auch für Weisheit und
Erkenntnis stehen.

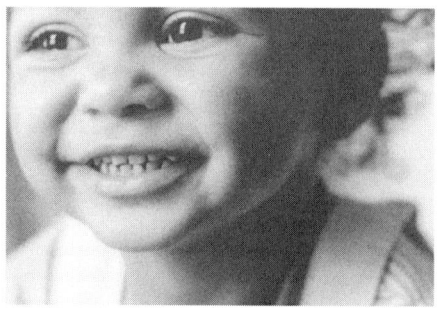

Kind

Wenn man in dem Traum selbst ein
Kind ist, sehnt man sich nach der
Rückkehr ins unbeschwerte Leben
der Kindheit. Man will Verantwortung abstreifen oder gar nicht erst
erwachsen werden.

Knoten

Der Knoten symbolisiert meist ein Problem, das schwer zu lösen ist, eine schwierige Situation. Löst der Träumende den Knoten, so bedeutet das, dass er das Problem in den Griff bekommt und neue Einsichten gewinnt.

Krähe

Die Krähe ist ein altes archetypisches Symbol für Unheil und Unglück. Träumt man
von einer Krähe, so ist das ein Zeichen dafür, dass man sich bedroht fühlt.

Krokodil

Ein Angsttraum von einer großen Gefahr, die im Hinterhalt lauert. Das können beispielsweise private oder berufliche Feinde sein – irgendein Mensch, dem man nicht traut. Es kann sich aber auch um eine Entwicklung im Leben des Träumenden handeln, die außer Kontrolle zu geraten droht.

Labyrinth

Ein Hinweis darauf, dass man sich in irgendeinem Bereich seines Lebens „verlaufen" und die Orientierung verloren hat. Man fühlt sich unsicher und weiß nicht, wie das Leben weitergehen wird.

Landschaft

Die Landschaft symbolisiert meist die momentane Lebenssituation des Träumenden: friedlich und harmonisch oder wüst und einsam, düster und gefährlich oder überschaubar und geordnet, eben oder voller Berge und anderer Hindernisse... Die Deutung des Traums hängt davon ab, wie die Landschaft aussieht bzw. wie man sie empfindet.

Leiter

Ein Symbol dafür, dass man ein ehrgeiziges Ziel verfolgt. Wenn man von der Leiter stürzt oder es nicht schafft, hochzusteigen, kann das eine Warnung des Unterbewusstseins davor sein, dass man sich vielleicht zu viel vorgenommen hat oder zu überstürzt handelt.

Messer

Ein männliches Sexualsymbol, ähnlich wie Degen und Schwert, aber auch ein Hinweis auf Aggressionen des Träumenden.

Moor

Angst, vom Weg abzukommen und zu versinken.

Muschel

Weibliches Sexualsymbol. Erotischer Männerwunsch.

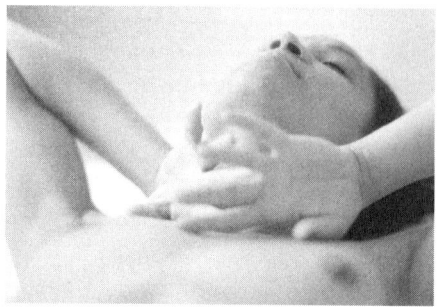

Nacktheit

Ein Symbol für Verletzbarkeit und Angst vor Bloßstellung. Nacktheit in Verbindung mit Angstgefühlen kann auch auf sexuelle Hemmungen hinweisen.

Obst

Träume von Obst – von Äpfeln, Kirschen, Pfirsichen, Erdbeeren oder Himbeeren – haben häufig eine erotische Bedeutung. So kann hinter dem Traum von einem Apfel beispielsweise der Wunsch nach einem sexuellen Erlebnis stecken – wie Adam im Paradies möchte man gerne verführt werden. Die Banane ist ein offenkundiges männliches Sexualsymbol.

Pfeil

Ein männliches Sexualsymbol.

Pferd

Ein Pferd symbolisiert die Kraft und den Mut, aber auch die Macht des Unbewussten. Träume von Pferden oder vom Reiten sind meist erotisch zu interpretieren: Sie deuten auf den Wunsch nach leidenschaftlicher sexueller Erfüllung hin.

Prostituierte

Träumt ein Mann von einer Prostituierten, so kann das ein Hinweis auf ein negatives Frauenbild oder auch auf den Wunsch nach sexuellen Abenteuern ohne Folgen und ohne Verantwortung sein.

Prüfung

Prüfungen und die damit verbundenen Ängste kommen im Traum sehr häufig vor. Sie weisen darauf hin, dass man Angst vor einer bestimmten Lebenssituation hat und fürchtet, ihr nicht gewachsen zu sein.

Rabe

Symbol für Unheil, ähnlich wie die Krähe.

Regen

Ein Symbol dafür, dass etwas in uns wachsen und gedeihen soll.

Reise

Sehnsucht nach etwas Neuem, eventuell auch Wunsch nach Flucht aus der jetzigen Lebenssituation.

Sarg

Ein Symbol dafür, dass etwas in unserem Leben oder in unserer Seele abgeschlossen ist und begraben wird (oder werden soll). Eine Lebensphase ist zu Ende, neue Möglichkeiten tun sich auf.

Scherben

Etwas ist in die Brüche gegangen. Welche Gefühle lösen die Scherben im Traum aus – Kummer oder Freude?

Schiff, Boot

Ein optimistisches Aufbruchssymbol – man steuert auf „neue Ufer" zu, setzt sich neue Ziele oder lässt sich auf ein spannendes Abenteuer ein. Ein Boot kann aber auch bedeuten, dass man sein Unbewusstes (das durch den Ozean symbolisiert wird) zu erkunden beginnt.

Schlüssel

Oft ein männliches Sexualsymbol; das dazugehörige weibliche Symbol ist das Schloss. Passt der Schlüssel nicht ins Schloss oder lässt sich das Schloss aus irgendeinem anderen Grund nicht öffnen, so kann das auf eine sexuelle Blockade hinweisen.

Schulden

Müssen nicht unbedingt etwas mit Geldsorgen zu tun haben; ein solcher Traum kann auch im übertragenen Sinn bedeuten, dass man das Gefühl hat, jemandem etwas schuldig zu sein.

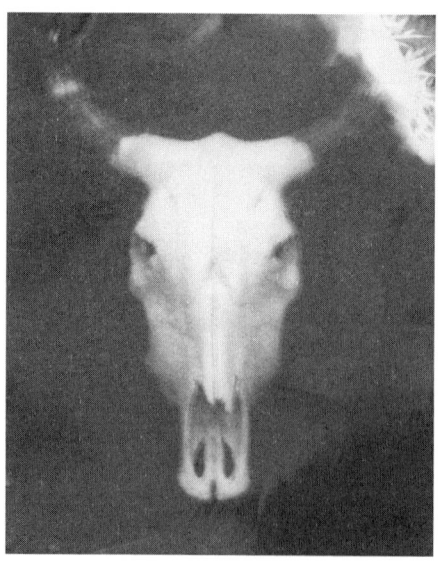

Tiere

Tiere – vor allem wilde Tiere und Raubtiere wie Löwe, Tiger, Wolf oder Eber – stehen für die animalische Seite unseres Wesens, unsere Sexualität und unsere Triebe. Werden wir von solchen Tieren verfolgt oder bedroht, so kann das bedeuten, dass dieser Aspekt des Lebens uns Angst einflößt. Wenn wir im Traum dagegen selbst ein Raubtier sind oder uns in eines verwandeln, ist das ein Zeichen dafür, dass wir mit unserer Sexualität und unseren Trieben keine Probleme haben, sondern sie akzeptieren und ungehindert ausleben.

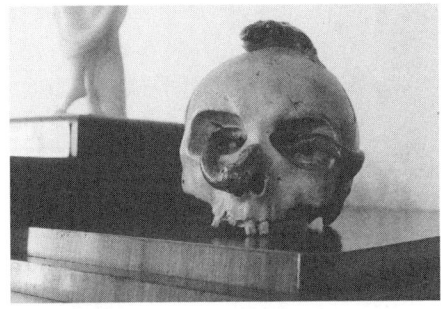

Tod

Der Tod im Traum hat nichts mit dem wirklichen Tod zu tun, sondern symbolisiert das Ende eines bestimmten Lebensabschnitts und einen Neubeginn. Das kann beispielsweise das Ende einer Beziehung oder ein beruflicher Neuanfang sein.

Tor

Symbol für Neubeginn, Eintritt in eine neue Lebensphase. Ein optimistischer Aufbruchstraum, der nur dann negativ zu deuten ist, wenn das Tor verschlossen ist oder man aus irgendeinem anderen Grund nicht hindurchgehen kann.

Turm

Steht man auf der Spitze eines Turms, so ist das ein Zeichen dafür, dass man sich ehrgeizige Ziele gesetzt und diese vielleicht auch schon erreicht hat. Das Stehen auf dem Turm kann aber auch ein Hinweis darauf sein, dass man sich durch Hochmut und Selbstüberschätzung von seinen Mitmenschen entfremdet und in die Isolation begeben hat. Gerät der Turm ins Wanken oder fällt man von der Turmspitze herab, so ist dies als Angst vor einem Absturz zu interpretieren. Möglicherweise gibt es berufliche oder finanzielle Probleme, vor denen das Unterbewusstsein einen warnen möchte. Wenn man von unten an einem Turm emporblickt, deutet das eher auf mangelndes Selbstvertrauen hin. Irgendeine Situation droht einem über den Kopf zu wachsen.

Ufer

Das Ufer steht für die Grenze zwischen Bewusstem (Land) und Unbewusstem (Wasser). Für die Deutung eines solchen Traums ist es wichtig, in was für einem Zustand sich das Ufer befindet und ob man aus dem Wasser ans Ufer gelangt oder sich vom Ufer aus ins Wasser hineinbewegt – und mit welchen Gefühlen das verbunden ist.

Uhr, Wecker

Eine Uhr im Traum kann eine Mahnung sein, dass wir etwas Wichtiges nicht aufschieben oder versäumen dürfen oder nachholen sollen, ehe es zu spät ist. Möglicherweise ein Weckruf unserer Seele.

Wald

Ein Symbol für Dunkelheit und Sich-Verirren. Im Wald können auch wilde Tiere lauern, die die eigenen animalischen Instinkte symbolisieren.

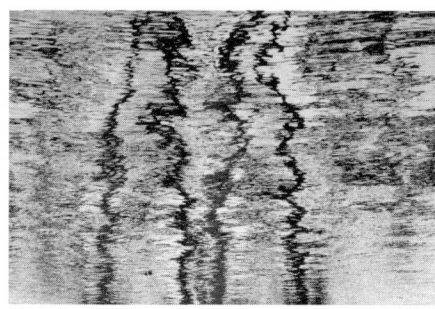

Wasser

Wasser steht im Traum fast immer für unser Unterbewusstsein, unsere Seele und unser Gefühlsleben. Wie das Wasser im jeweiligen Traum zu deuten ist, hängt vom Kontext ab.

Zähne

Ähnlich wie die Haare stehen auch die Zähne für Lebenskraft und Vitalität. Sigmund Freund sah in ihnen einen sexuellen Symbolgehalt. Ein Traum, in dem uns die Zähne ausfallen oder gezogen werden, ist ähnlich zu interpretieren wie der Traum vom Haarausfall: Angst vor dem Verlust von Vitalität und sexueller Leistungsfähigkeit.

Politische Symbole und Wappen

Politische Symbole

Symbole sind aus dem politischen Leben nicht wegzudenken, denn sie signalisieren Ideen und Überzeugungen in stark verkürzter, visuell einprägsamer Form und sind außerdem ein wichtiges Bindemittel für die Entstehung und den Zusammenhalt von Gemeinschaften. Daher spielen sie vor allem in der politischen Propaganda eine wichtige Rolle. Auffallend ist dabei, dass totalitäre Ideologien und diktatorische Herrschaftsformen von Symbolen weitaus mehr Gebrauch machen als demokratische Staatsformen und gemäßigte politische Gruppierungen. Auch bei Revolutionen und Freiheitskämpfen treten Symbole als gemeinschaftsbildender Faktor besonders stark in den Vordergrund.

Eisernes Kreuz

Das Eiserne Kreuz (ein geschweiftes, schwarzes Kreuz auf weißem Grund) ist das Zeichen des Ordens des Eisernen Kreuzes, den König Friedrich Wilhelm III. im Jahr 1813 stiftete, um sein Volk im Befreiungskrieg gegen Napoleon anzuspornen. Das Kreuz diente im Ersten und Zweiten Weltkrieg als Kriegsauszeichnung und wurde für besondere Tapferkeit oder gute Truppenführung verliehen.

Hakenkreuz

Das Hakenkreuz (Swastika) ist ein uraltes Symbol, das schon seit dem vierten Jahrtausend v. Chr. in Nord- und Mitteleuropa und Asien verwendet wurde – meist als segenbringendes Heils- oder Glückszeichen. Erst um die Wende vom 19. zum 20. Jahrhundert wurde es in Deutschland und Österreich zum Symbol des Antisemitismus. Später übernahm Adolf Hitler das Hakenkreuz als propagandistisches Werkzeug und machte das Hakenkreuzbanner zur Flagge der NSDAP. Auch heute noch wird das Hakenkreuz von neofaschistischen Gruppierungen verwendet.

Hammer und Sichel

Ein kommunistisches, vor allem sowjetisches Symbol. Die Sichel als Werkzeug der Bauern und der Hammer als Zeichen der industriellen Arbeiterschaft symbolisieren das Bündnis von Arbeitern und Bauern in der Zeit der „Diktatur des Proletariats". Zusammen mit dem fünfzackigen Stern bildeten Hammer und Sichel das Staatssymbol der UdSSR.

Fünfzackiger Stern

Der fünfzackige rote Stern ist eines der bekanntesten und verbreitetsten kommunistischen Symbole und soll den heilbringenden Charakter der kommunistischen Lehre versinnbildlichen. Daneben hat der fünfzackige Stern aber auch eine wichtige politische Bedeutung als Freiheitssymbol. Er ist beispielsweise im amerikanischen Sternenbanner enthalten.

NATO-Emblem

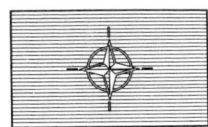

Das Abzeichen des Nordatlantischen Verteidigungspakts (NATO) – ein weißer Kreis mit Windrose auf blauem Grund – ist seit 1945 in Gebrauch. Der Kreis ist ein Symbol für Einigkeit, die Kompassrose versinnbildlicht den gemeinsamen Kurs auf den Frieden, und der blaue Untergrund steht für den Atlantischen Ozean.

Emblem der Arabischen Liga

Das Emblem der Liga der arabischen Staaten enthält den Halbmond als Symbol des Islam und den Namen der Organisation in arabischer Zierschrift. Die Kette symbolisiert die Einigkeit der Ligamitglieder.

Friedenssymbol

Das 1958 von dem Engländer Gerald Holtom entworfene Abzeichen der Gegner atomarer Aufrüstung ist ein Kreis mit einem Zeichen in der Mitte, das auf den zusammengesetzten Winkzeichen des internationalen Signalalphabets für N und D (nuclear disarmament – nukleare Abrüstung) basiert. Es kann als Ansteckabzeichen getragen werden.

Wappen und Flaggen

Wappen waren ursprünglich Abzeichen von Kriegern und deren Familien. In kriegerischen Auseinandersetzungen waren die Wappen auf den Schilden überlebensnotwendig – denn nur so konnten die Ritter, die von Kopf bis Fuß in einer Rüstung steckten, Freund und Feind voneinander unterscheiden. Später wurden Wappen unter anderem von Adels- und Bürgerfamilien, Staaten und Städten verwendet. Die ersten Wappen entstanden zur Zeit der Kreuzzüge im 12. Jahrhundert.

Flaggen sind aus Stoff gefertigte, meist rechteckige Hoheitszeichen, die die Zugehörigkeit zu einer Nation oder einem Bundesland signalisieren, und enthalten meist Wappen oder Sinnbilder dieser Nation.

Handwerkerwappen

Die Wappen von Handwerkerfamilien enthalten häufig Symbole des betreffenden Handwerks wie beispielsweise Schere und Maßband in dem hier abgebildeten Schneiderwappen.

Familienwappen

Manche Familien, die kein traditionelles, schon seit Generationen weitervererbtes Wappen besitzen, nehmen Familienwappen an, die sie von einem Berufsheraldiker, Historiker oder Künstler gestalten lassen. Solche Wappen können beispielsweise Initialen und graphische Darstellungen des Familiennamens enthalten wie die beiden Türme und das Initial »T« als Wappen der Familie Türmer.

Der Adler

Der Adler ist als „König der Vögel" schon seit der Antike ein imperiales Herrschaftssymbol – Sinnbild königlicher oder kaiserlicher Macht. Dieses Herrschaftszeichen ging vom Römischen Reich auf das alte Deutsche Reich über. Mit der Entstehung der ersten Wappen im 12. Jahrhundert wurde der Adler dann zum Wappentier des Deutschen Reichs (Reichsadler); heute ist er Wappentier der Bundesrepublik Deutschland (Bundesadler).

Der Doppeladler

Auch der doppelköpfige Adler ist ein königliches Herrschaftssymbol. Er war einst Hoheitszeichen des Byzantinischen (Oströmischen) Reichs. Nach dem Ende des Oströmischen Reichs übernahmen die russischen Zaren den Doppeladler. Auch Österreich führte bis zur Auflösung der Monarchie im Jahr 1919 einen Doppeladler im Wappen; danach erfuhr dieses Symbol eine Umgestaltung zum einköpfigen Adler, der statt der monarchischen Insignien (Zepter und Reichsapfel) mit Sichel, Hammer und Mauerkrone (als Symbol für den Bürger-, Bauern- und Arbeiterstand) versehen wurde. Noch heute führt Österreich einen solchen Adler im Wappen.

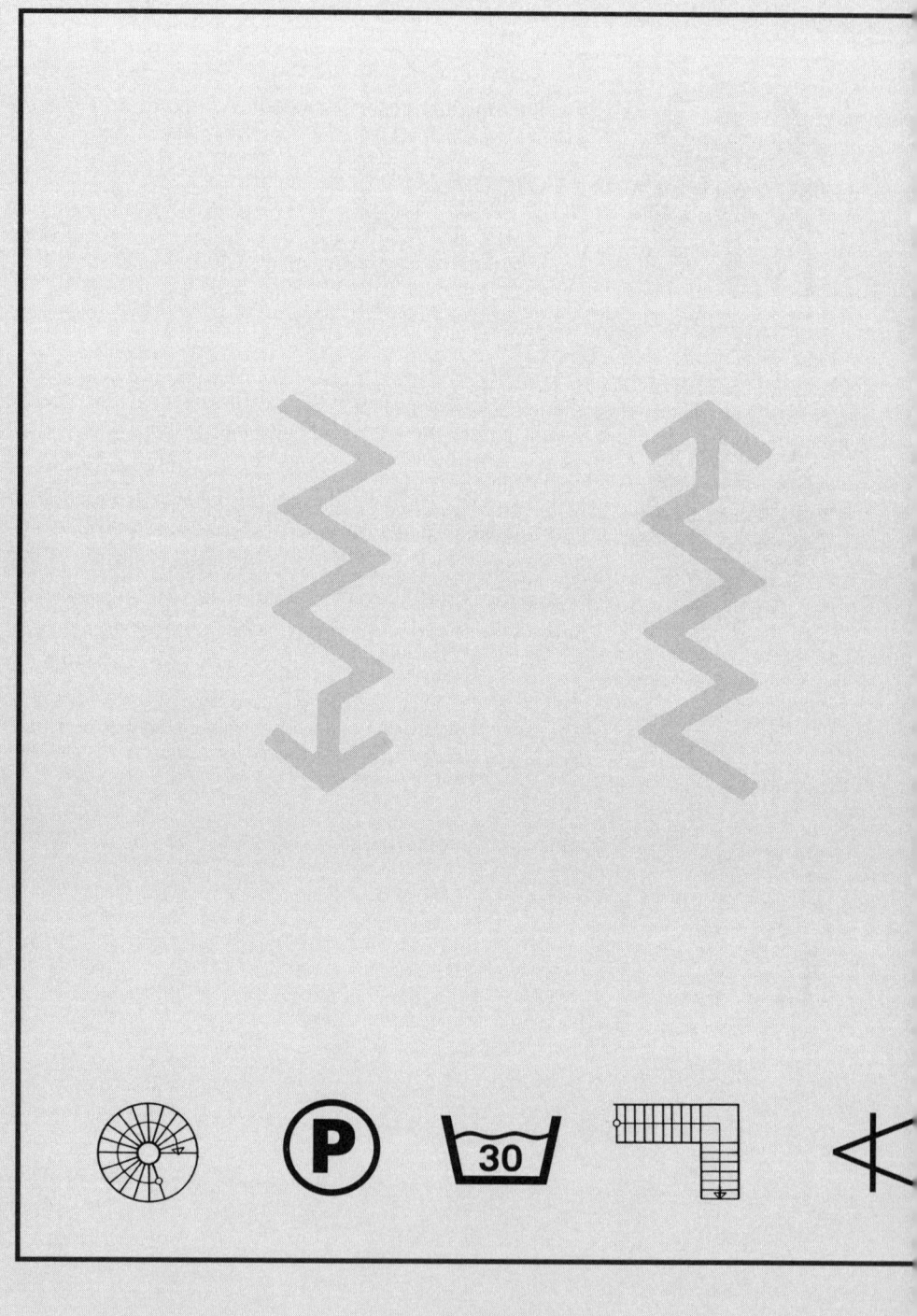

Wissenschaft und Technik

Meteorologie

Bei der Wettervorhersage werden international gültige, von der WMO (Weltorganisation für Meteorologie) festgelegte Wettersymbole (meteorologische Zeichen) verwendet. So gibt es beispielsweise Symbole für bestimmte Wettererscheinungen, Wolkenformen und für die Barometertendenz. Die Mess- und Beobachtungsergebnisse der Wetterstationen werden über eine Zentrale an die Wetterdienste in aller Welt weitergeleitet und mithilfe elektronischer Datenverarbeitung in Form von Symbolen und Zahlen in die Wetterkarte (Landkarte zur Darstellung der Wetterlage) eingetragen.

Wettererscheinungen

Gewitter

tropischer Wirbelsturm

starke Böenlinie

Hagel

Regenschauer

Nebel

Gewitter

Wetterleuchten, Donner nicht hörbar

Barometertendenz

steigen, dann sinkend

steigend,
dann gleichbleibend
oder langsamer steigend

unregelmäßig steigend
(oben)
regelmäßig steigend
(unten)

fallend, dann steigend (oben)
gleichbleibend, dann steigend (Mitte)
steigend, dann rascher steigend (unten)

gleichbleibend

fallend, dann steigend

fallend, dann gleichbleibend (oben)
fallend, dann langsamer fallend
(unten)

unregelmäßig fallend (oben)
regelmäßig fallend (unten)

steigend, dann fallend (oben)
gleichbleibend, dann fallend (Mitte)
fallend, dann rascher fallend (unten)

Wolkenformen

Cirrus (Federwolken)   Cirrocumulus (feine Schäfchenwolken)   Cirrostratus (Schleierwolken)   Altocumulus (gröbere Schäfchenwolken)   Altostratus (gleichmäßige Wolkenschicht)

Nimbostratus (Regenschicht-Wolken)   Stratocumulus (Schichthaufenwolken)   Stratus (Schichtwolken)   Cumulus (Haufenwolken)   Cumulonimbus (aufgetürmte Haufenwolken)

Niederschläge

Regen (nicht vereisend)   Schnee, nicht in Schauerform   Regen und Schnee gemischt oder Eiskörner, nicht in Schauerform

Nebelregen oder Regen, vereisend, nicht in Schauerform

Kartographie

Die Kartographie (Abbildung der Erdoberfläche in Karten) bedient sich verschiedener Symbole zur Darstellung bestimmter landschaftlicher und baulicher Elemente und Verkehrswege.

Katasterkarten

Katasterkarten (Flurkarten) dienen dem Nachweis von Liegenschaften (Grundbesitz). Sie wurden im 19. Jahrhundert für die Grundsteuererhebung geschaffen und dienten später auch als amtliches Verzeichnis der Grunstücke für das Grundbuch. Heute werden sie außerdem für die Landes- und Städteplanung verwendet. Katasterkarten enthalten unter anderem Angaben über Grenzen, Gebäude und Nutzungsarten von Grundstücken.

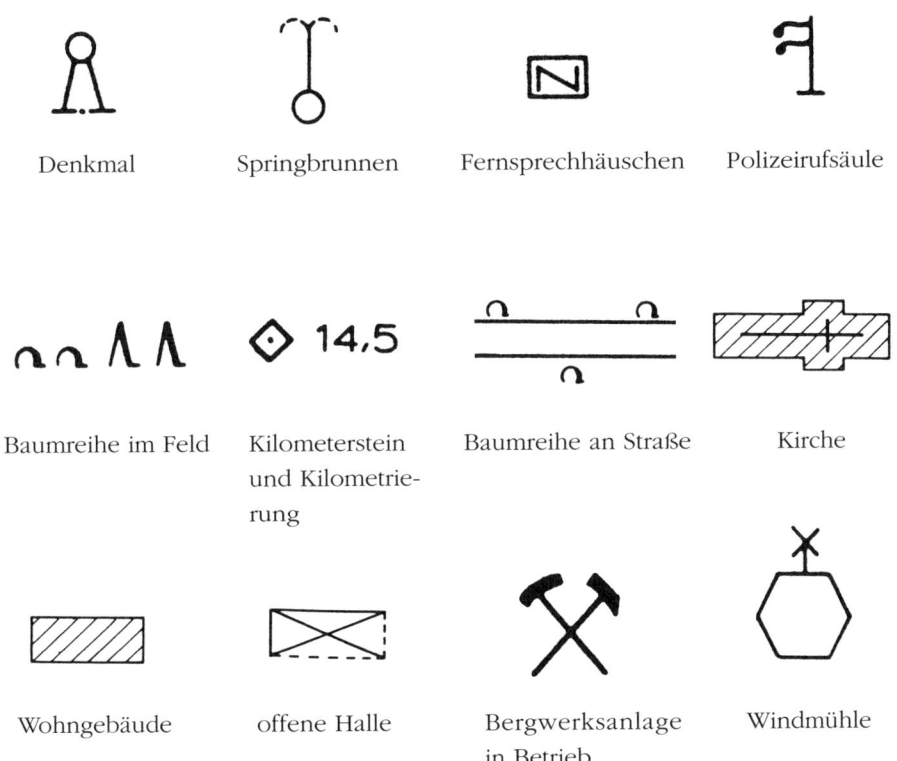

Denkmal	Springbrunnen	Fernsprechhäuschen	Polizeirufsäule
Baumreihe im Feld	Kilometerstein und Kilometrierung	Baumreihe an Straße	Kirche
Wohngebäude	offene Halle	Bergwerksanlage in Betrieb	Windmühle

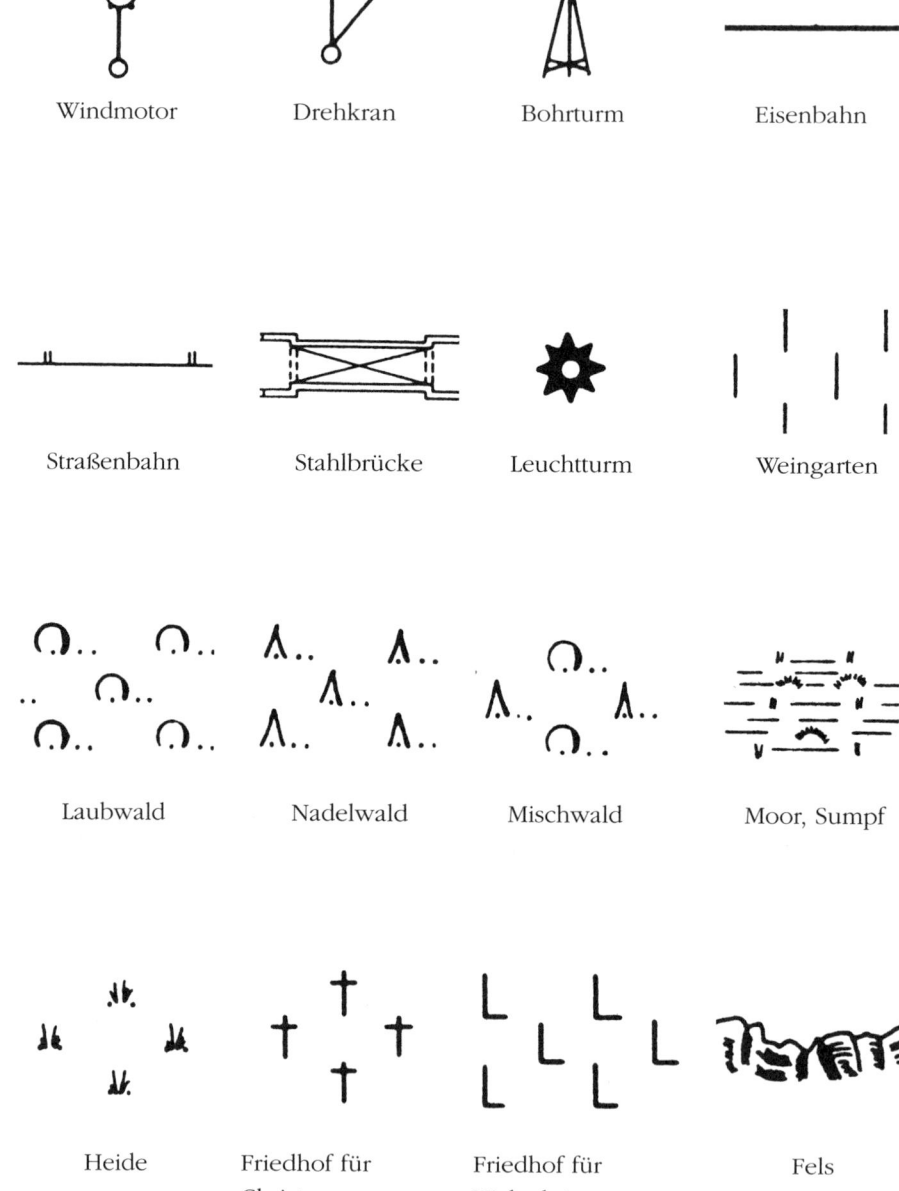

Windmotor   Drehkran   Bohrturm   Eisenbahn

Straßenbahn   Stahlbrücke   Leuchtturm   Weingarten

Laubwald   Nadelwald   Mischwald   Moor, Sumpf

Heide   Friedhof für   Friedhof für   Fels
                   Christen   Nichtchristen

Flugverkehr
Für den Flugverkehr sind spezielle Landkarten erforderlich. In diesen Karten sind Objekte, die den Flugverkehr behindern können, und markante Landschaftspunkte und Gebäude verzeichnet, die dem Piloten zur Sichtorientierung dienen. Die Kartensymbole wurden im Lauf der Entwicklung der Fliegerei aus praktischen Erfordernissen heraus „erfunden", dann aber immer wieder, auch in Absprache mit anderen Ländern, modifiziert. Die hier aufgeführten Beispiele stammen aus dem amtlichen Luftfahrthandbuch.

internationaler Flughafen   Flughafen   Militärflugplatz   Landeplatz mit Ausrichtung der Landebahn

Hubschrauberlandeplatz   Segelfluggelände   Hängegleitergelände   Fallschirmabsprunggelände

Freiballongelände   Gebiet mit Flugbeschränkung (Restricted area)   Gefahrengebiet (Danger area)

Architektur, Technik
und Textilpflege

Schon die Ägypter, Griechen und Römer fertigten vor Baubeginn beispielsweise eines Hauses oder eines Schiffs einen Plan an, einen Grund-
oder Aufriss. Der Handwerker, der das Objekt herstellte, war gleichzeitig
auch der Zeichner des Plans. Er brauchte die Skizze für seinen Auftragge-
ber, dem er grob seine Absichten erläutern wollte, und für seine Mitarbei-
ter zur Orientierung bei der späteren Umsetzung des Plans. Sehr detaillierte
Angaben brauchten diese Zeichnungen nicht zu beinhalten, denn der
Handwerker wusste genau, wie er beim Bauen vorgehen wollte.

Zu Beginn des Maschinenzeitalters mussten solche Zeichnungen sehr
viel exakter und detaillierter sein. Bauwerke und Maschinen waren nun
einmal komplexer als in früheren Zeiten. Da nun plötzlich auch sehr viel
mehr Menschen an der Realisierung solcher Pläne beteiligt waren, mussten
sie möglichst alle Informationen enthalten, die zur exakten Ausführung
nötig waren. Konsequenterweise dachte man sich dazu allgemeingültige
Zeichenregeln und Darstellungsweisen aus und legte diese verbindlich
fest. Alle Handwerker sollten sie anwenden und auch verstehen. Die
Anfertigung der Zeichnungen war nun Aufgabe von speziell ausgebildeten
technischen Zeichnern. Um die Zeichnungen der zu bauenden Objekte zu
vereinheitlichen, erfand man Symbole, an die man die Anforderung stellte,
dass sie den Gegenstand, den sie repräsentierten, auch einigermaßen
»sprechend« darstellen mussten. Vor allem in der Architektur war dies nötig,
weil solche Pläne auch für Laien nachvollziehbar sein mussten. Von einem
Bauherrn konnte man nicht erwarten, dass er wie ein Maschinenbauer eine
Vielzahl diffiziler Symbole im Kopf behalten konnte. Den Plan eines Archi-
tekten sollte daher jedermann möglichst gleich verstehen können.

Wir haben hier exemplarisch einige der wichtigsten Symbole aus den
Bereichen Textilpflege, Architektur, Innenarchitektur und Technik ausgewählt.

Textilpflege

Waschtemperatur | Schonwaschgang für Feinwäsche | Spezialschon- waschgang für Wolle | Nur von Hand waschen

Nicht waschen | Bügeltemperatur | Trocknung im Wäschetrockner | Nicht bleichen

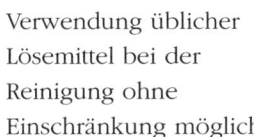

Verwendung üblicher Lösemittel bei der Reinigung ohne Einschränkung möglich

Trocken reinigen

Symbol für die chemische Reinigung. Der Strich darunter bedeutet eine Beschränkung in der mechanischen Beanspruchung, Feuchtigkeits- zugabe und Temperatur.

Architektur und Innenarchitektur

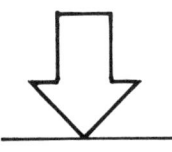

Hauseingang

Grasflächen,
Rasen

Grünflächengrenze

Strauch

Baum

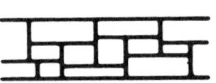

gepflasterte Wege

Zaun

Hecke

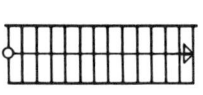

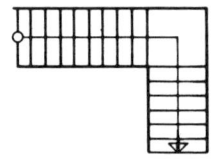

Böschung

Mauer

einläufige
gerade Treppe

zweiläufige ge-
winkelte Treppe
mit Zwischen-
podest

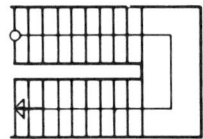
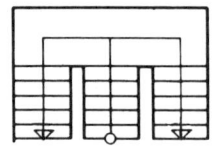
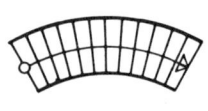

zweiläufige
gegenläufige
Treppe mit
Zwischenpodest

dreiläufige
gegenläufige
Treppe mit
Zwischenpodest

einläufige Kreis-
bogentreppe

Wendeltreppe
mit Treppen-
auge

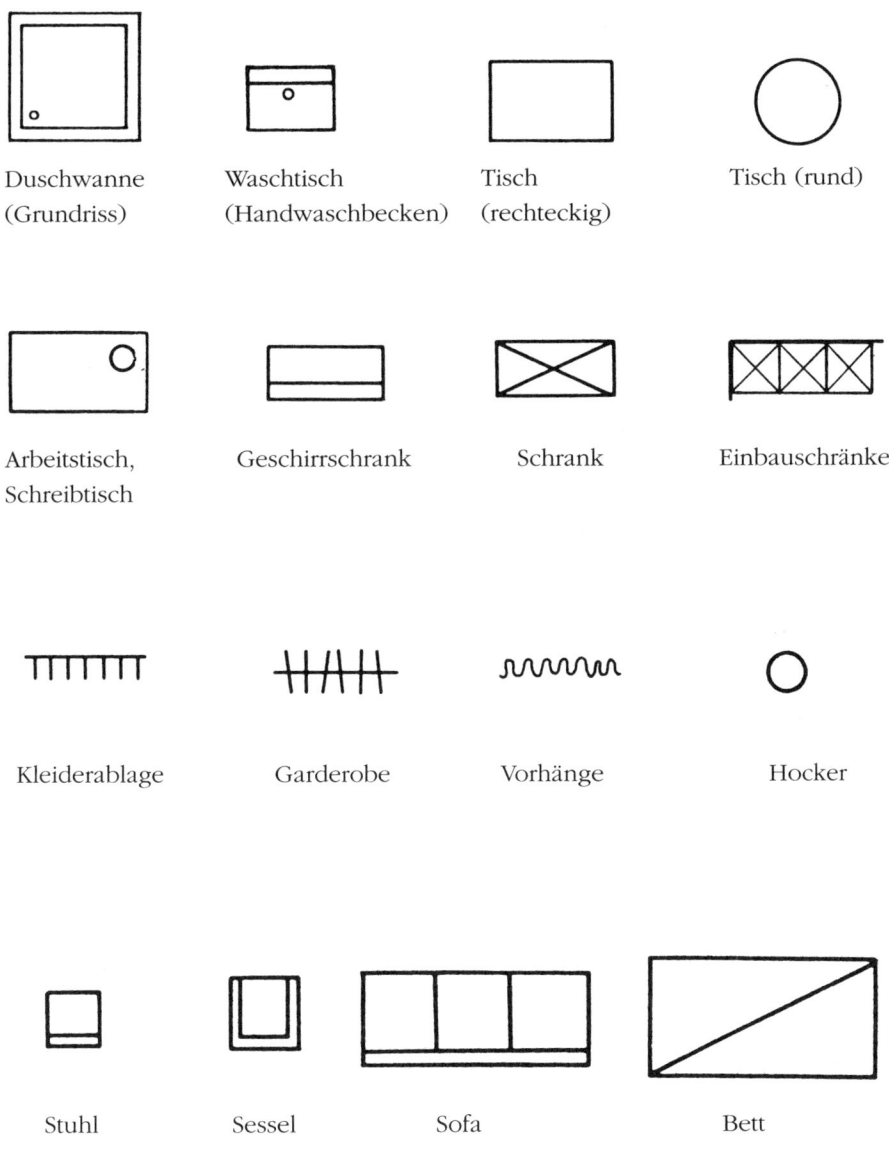

Duschwanne
(Grundriss)

Waschtisch
(Handwaschbecken)

Tisch
(rechteckig)

Tisch (rund)

Arbeitstisch,
Schreibtisch

Geschirrschrank

Schrank

Einbauschränke

Kleiderablage

Garderobe

Vorhänge

Hocker

Stuhl

Sessel

Sofa

Bett

Elektrogeräte

   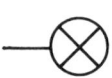 

Motor   Ventilator   elektrische Uhr   Leuchte   Scheinwerfer

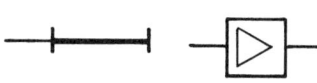  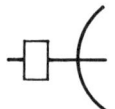

Leuchtstoff-   Verstärker   Lautsprecher   Antenne,   Parabolantenne
lampe   allgemein

  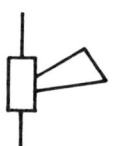 

Wecker, Klingel   Summer   Hupe   Sirene   Türöffner

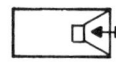 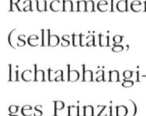  

Wechselsprech-   Brandmelder   Rauchmelder   Fernsprecher   Sicherung
stelle, Haus-   (selbsttätig,
oder Torsprech-   lichtabhängi-
stelle   ges Prinzip)

Ausschalter, zweipolig	Serienschalter, einpolig	Wechselschalter, einpolig	Taster	Dimmer

Einfach-schutzkon-taktsteckdose	Antennen-steckdose	Amperemeter	Elektrizitäts-zähler	Zeitrelais (z. B. für Treppenbe-leuchtung)

Gleichrichter	Wechselrichter	Gleichstrom	Wechselstrom	Erdkabel

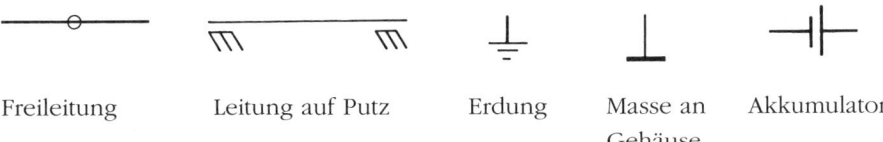

Freileitung	Leitung auf Putz	Erdung	Masse an Gehäuse	Akkumulator

Botanik

In der Botanik gibt es Symbole für verschiedene Eigenschaften von Pflanzen. Die älteren dieser Symbole wurden aus der Astrologie und Alchemie entnommen wie beispielsweise das Saturnzeichen, das für Gewächse mit holzigem Stamm steht (einmal durchgestrichen für einen Strauch, zweimal durchgestrichen für einen Baum), oder das Jupitersymbol für immergrüne Pflanzen. Für männliche Pflanzen wird das Marssymbol verwendet, für weibliche das Venussymbol, da diese beiden Planeten in der Astrologie das männliche bzw. weibliche Prinzip verkörpern. Andere Symbole wie z. B. die Zeichen für hängende und kletternde Pflanzen sind neueren Datums und erklären sich aufgrund ihres bildhaften Charakters von selbst.

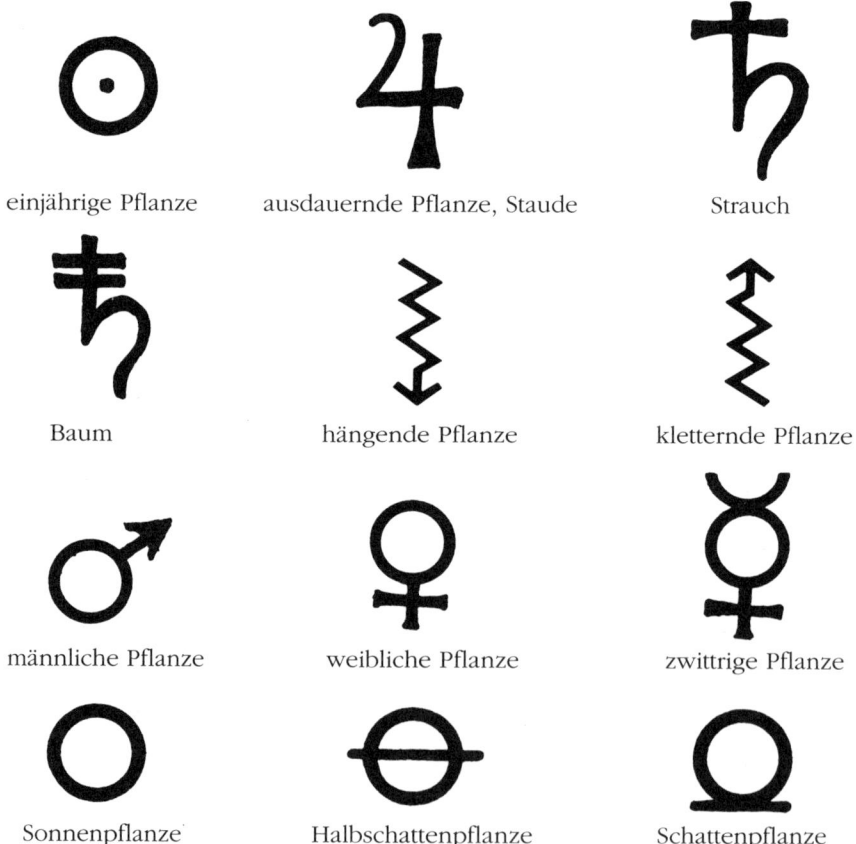

einjährige Pflanze	ausdauernde Pflanze, Staude	Strauch
Baum	hängende Pflanze	kletternde Pflanze
männliche Pflanze	weibliche Pflanze	zwittrige Pflanze
Sonnenpflanze	Halbschattenpflanze	Schattenpflanze

Mathematik

Die mathematischen Zeichen haben sich über Jahrhunderte hinweg entwickelt. So tauchte beispielsweise das Pluszeichen erstmals im Jahr 1489 in
Deutschland in einem kaufmännischen Buch auf; auch das Minuszeichen
wurde schon um diese Zeit im kaufmännischen Bereich verwendet. Das
Teilungszeichen wurde 1668 von John Pell, einem englischen Professor für
Mathematik, erfunden; das Gleich-Zeichen erschien bereits 1557, das Mul-
tiplikationszeichen 1639 erstmals in einem mathematischen Werk.

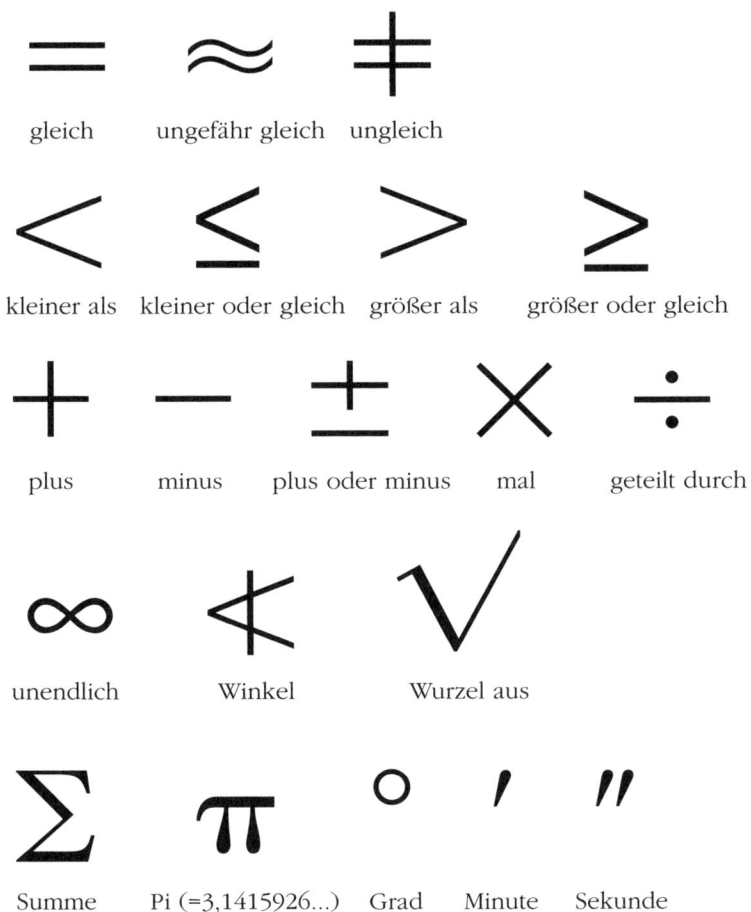

gleich   ungefähr gleich   ungleich

kleiner als   kleiner oder gleich   größer als   größer oder gleich

plus   minus   plus oder minus   mal   geteilt durch

unendlich   Winkel   Wurzel aus

Summe   Pi (=3,1415926...)   Grad   Minute   Sekunde

Markenzeichen

Frühe Markenzeichen

In vorgeschichtlicher Zeit waren die Menschen „Selbstversorger": Sie beschafften und verarbeiteten alles, was sie zum Leben brauchten selbst – Nahrung und Kleidung, Waffen, Geräte und Werkzeuge, Baumaterial für Hütten und Häuser. Handwerk und Gewerbe entstanden erst, als Menschen begannen, über den unmittelbaren Familienbedarf hinaus Gegenstände zu produzieren, um damit ihren Lebensunterhalt zu verdienen.

Erste Formen solcher Spezialisierung gab es schon in der Steinzeit. Frühe Handwerkergruppen waren z. B. Töpfer, Weber, Schneider, Schuster, Steinmetzen, Bauleute, Bäcker und Metzger; auch das Schmiedehandwerk spielte eine wichtige Rolle, denn Waffen wurden immer gebraucht. Später begannen kirchliche und weltliche Fürsten Privilegien für die Ausübung bestimmter Handwerke und Gewerbe zu vergeben; das war der Beginn der Zünfte und Gilden, zu denen die Handwerker sich zusammenschlossen.

Schon früh hatten Handwerker ihre eigenen Markenzeichen, mit denen sie ihre Arbeitsstücke kennzeichneten. Steinmetzzeichen beispielsweise sind so alt wie die Verwendung von Stein als Baumaterial; man findet sie schon im alten Ägypten und im antiken Rom und Griechenland. Auch die Zünfte hatten ihre eigenen Zunftsiegel und Stempel. Nach der Erfindung des Buchdrucks im 15. Jahrhundert entstanden die ersten Druckerzeichen (Verlegerzeichen), die ein Buch als Erzeugnis eines bestimmten Verlags kennzeichneten. Auch Künstler hatten ihre eigenen Signete, die sie unter ihre Werke setzten.

Byzantinische Steinmetzzeichen in Form zusammengesetzter Buchstaben

Das Künstlersignet von Albrecht Dürer

Westfälische Zunftsiegel und Stempel aus dem 17. und 18. Jahrhundert (von links nach rechts: Schneider, Schreiner, Schuhmacher).

Druckerzeichen aus dem 15. Jahrhundert mit den typischen, immer wiederkehrenden Motiven: Erdkugel mit Kreuz; Dreiteilung der Erdkugel als Symbol der Heiligen Dreifaltigkeit

Zeichen des Solinger Druckers und Papiermachers Johannes Sother (16. Jahrhundert). Das Pentagramm in der Mitte (ein fünfzackiger Stern mit eingezeichneten Diagonalen) ist ein uraltes mystisch-magisches Schutz- und Krankheitsabwehrzeichen.

Zinngießermarke mit dem Auge Gottes innerhalb eines Dreiecks (als Dreifaltigkeitssymbol) umgeben von einem Strahlenkranz

Markenzeichen für Rauchwaren aus dem 17. Jahrhundert

Brandmarken der Cowboys

Die auf weiten Flächen verstreuten Rinderherden wurden jedes Jahr im Frühjahr und Herbst von den Cowboys zu kompakten Herden zusammengetrieben, um sie für den Verkauf zu sammeln oder ungebrandmarkte Kälber zu zeichnen, damit sie jederzeit ihrem Besitzer zugeordnet werden konnten. Dazu trieb man die ausgewählten Tiere in eine Erdmulde oder einen weiten „Corral". Jedes einzelne Tier musste mit dem Lasso eingefangen und zum Brandfeuer gebracht werden. Dort drückte ihm der „Iron Man" den Brandstempel rasch auf die Haut. Da die Tiere dabei einen heftigen Schmetz verspürten, mussten sie von den Männern bei den Vorder- und Hinterläufen gepackt und festgehalten werden.

Die Brandzeichen standen für den Namen der Besitzers der jeweiligen Ranch. Im Folgenden sind beispielhaft einige dieser Zeichen wiedergegeben, die auf einer Bronzetafel in der Garrison Hall der University of Texas eingraviert sind. Es sind die Zeichen der berühmten „Rinderkönige" von Texas.

Stephen F. Austin

Captain Richard King

Major George W. Littlefield

S. M. Swenson

S. B. Burnett

Mariano Sanchez

Pedro Ibardo

Jose Antonio Navarro

Jose Antonio de la Garza

Ike T. Pryor

Abel H. „Shanghai" Pierce

Capital Land Syndicate

Columbus C. Slaughter

Al N. McFadden

Oliver Loving u. Söhne

Mrs. Rabbs D'Bar

John R. Blocker

Elltson und Deweesen

Moderne Marken- und Gütezeichen

Unsere heutigen Markenzeichen dienen – ähnlich wie die früherer Jahrhunderte – zur Kennzeichnung von Waren bzw. Dienstleistungen eines bestimmten Unternehmens. Sie haben den Zweck, das eigene Produkt als etwas Einmaliges, Unverwechselbares im Bewusstsein der Kunden zu verankern und sich so von Konkurrenzunternehmen abzugrenzen. Solche Markenzeichen können aus Buchstaben, Wörtern, Personennamen, Zahlen oder bildlichen Darstellungen bestehen. Markenzeichen kann man durch Eintragung in das beim Patentamt geführte Markenregister schützen lassen. Der Inhaber hat dann das ausschließliche Recht, diese Marke im geschäftlichen Verkehr zu nutzen; sie darf von niemand anderem kopiert werden.

Gütezeichen (Gütesiegel) werden als Garantieausweis für Waren oder Dienstleistungen verwendet. Sie sind ein Zeichen dafür, dass das betreffende Produkt ganz bestimmte, genau festgelegte Qualitätskriterien erfüllt.

Das Wollsiegel für
Erzeugnisse aus
reiner Schurwolle

Der Erdalfrosch
(Markenzeichen für
ein Schuhputzmittel)

Stilisierter Vogel als
Zeichen der
Deutschen Lufthansa

Beispiel für den Wandel eines Markenzeichens im Lauf der Zeit: der Pelikan, Wappentier des Firmengründers Günther Wagner und Markenzeichen der von dieser Firma hergestellten Füllfederhalter

Hilfsorganisation Bank

Kreditkarten Kreditkarten

Automarke Der Grüne Punkt (Symbol
des dualen Systems zur
Erfassung und Verwertung
von Verpackungsmaterial)

Rundfunk- und Fernsehsender

Symbole
des Alltags

Symbole im Straßenverkehr

Für die von Schrift und Sprache unabhängige Informationsvermittlung im Alltag werden Piktogramme verwendet: Bildsymbole, deren Inhalt so eindeutig ist, dass sie in der Regel international verständlich sind. Zu den Piktogrammen gehören z. B. Verkehrszeichen, Verbots- und Gefahrenhinweisschilder und Symbole für bestimmte Sportarten und sonstige Freizeitaktivitäten.

Die den Straßenverkehr regelnden Zeichen entwickelten sich zuerst jeweils auf nationaler Ebene. Im Lauf der Zeit wurden sie aber international vereinheitlicht. Die in der Bundesrepublik Deutschland gültigen Verkehrszeichen sind in der Straßenverkehrsordnung aufgeführt. Sie entsprechen der europäischen Regelung. 1968 beschloss die UN eine Konvention über internationale Verkehrsregeln. 1971 wurde sie durch ein europäisches Zusatzabkommen ergänzt, in dem die Verkehrszeichen für alle europäischen Staaten verbindlich festgelegt wurden.

Die Gültigkeit der Verkehrszeichen wird durch Verkehrssignalanlagen und Weisungen von Polizeibeamten eingeschränkt, d. h. die Verkehrszeichen gelten nicht, wenn Verkehrssignalanlagen in Betrieb sind oder Polizeibeamte den Verkehr mit Licht- oder Handzeichen regeln. Verkehrssignalanlagen arbeiten in der Regel mit drei übereinander angeordneten Signallichtern (von oben nach unten: Rot, Gelb und Grün). Sie sperren die Fahrt in einer bestimmten Richtung (Rot) bzw. geben sie frei (Grün). Gelb bedeutet, vor einer Kreuzung auf das nächste Zeichen (Rot oder Grün) zu warten.

Das Gesetz teilt Verkehrszeichen in drei Kategorien ein: Gefahr-, Vorschrift- und Richtzeichen. Diese können jeweils mit verschiedenen Zusatzzeichen versehen sein. Gefahrenzeichen weisen auf eine Gefahrenstelle hin und stehen außerhalb geschlossener Ortschaften 150–250 Meter vor der Gefahrenstelle, in geschlossenen Ortschaften 50 Meter davor. Vorschriftzeichen enthalten Gebote und Verbote. Richtzeichen geben Hinweise, um den Verkehr zu erleichtern. Dazu gehören auch Richtzeichen, die den Weg weisen.

Die Formen für die verschiedenen Verkehrszeichen wurden nach der Intensität ihres visuellen Eindrucks ausgewählt. Runde und dreieckige Schilder sind auffallender, weil deutlicher erkennbar, während Quadrate und Rechtecke in dem von Straßen und Gebäuden bestimmten Stadtbild eher untergehen. Daher sind Schilder mit warnendem oder verbietendem Inhalt meist rund oder dreieckig; manchmal haben sie auch die (ebenfalls auffallende) Form eines auf die Spitze gestellten Quadrats. Schilder mit hinweisendem Charakter dagegen sind meist reckteckig oder quadratisch.

Gebote

Gefahrenstelle

Zusatzzeichen:
erlaubt Kindern, auch auf
Fahrbahn und Seitenstrei-
fen zu spielen

Fußgängerüberweg

Information:
rollende Landstraße

Zusatzzeichen für
Radfahrer

Kreuzung oder
Einmündung mit
Vorfahrt von rechts

Autobahn

Beginn des ver-
kehrsberuhigten
Bereichs

Frei für Straßenbahn

Fahrzeugdar-
stellung. Zeichen
gilt nur für das
abgebildete Fahr-
zeug (Lastwagen
mit Anhänger).

Überholgenehmigung

Fahrverbot für Fahr-
zeuge mit gefähr-
licher Flüssigkeit

Nur Anhänger

Nur Mofas

Anlieger frei

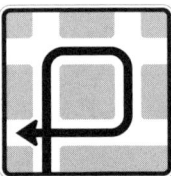

Schwierige
Verkehrsführung
(kündigt eine mit
dem Zeichen
„vorgeschriebene
Fahrtrichtung"
verbundene Ver-
kehrsführung an)

Wintersport erlaubt

Kettenfahrzeug

nur LKW, Kraft-
omnibus oder
PKW mit Anhänger

Haltestelle von
Straßenbahnen
oder Linienbussen

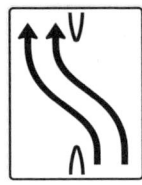

Umleitungstafel
Überleitungen des
Verkehrs auf die
Fahrbahn oder den
Fahrstreifen für den
Gegenverkehr wer-
den angekündigt
(auch die Rückleitung
wird so angekündigt)

Parkhinweise

nur Schwerbehinderte
mit Parkausweis

beschränkende Zusatzzeichen

Parkerlaubnis

Parken mit Parkscheibe

Gefahrenzeichen
„schlechter Fahrbahnrand"

Parken auf dem Gehweg

Halteverbot

Verbot jeglichen Haltens
auf der Fahrbahn
(uneingeschränktes
Halteverbot)

Verbote

Verbot für Fahrzeuge
aller Art

Verbot für Kraftwagen

Verbot für Radfahrer

Verbot für Mofas

Verbot für Reiter

Verbot für Fußgänger

Verbot für Krafträder,
Mofas, Kraftwagen und
sonstige mehrspurige
Kraftfahrzeuge

Verbot für Fahrzeuge
mit Gewicht über 5,5 t

Verbot für über 2 m
breite Fahrzeuge

Verbot der Einfahrt

Wendeverbot

Vorfahrt

Zusatzzeichen zum
Zeichen „Vorfahrtstraße"
(gibt den Verlauf der
Vorfahrtstraße bekannt)

Vorfahrt geändert

Vorfahrt gewähren

Halt! Vorfahrt gewähren

Dem Gegenverkehr
Vorrang gewähren

Vorfahrt

Vorrang vor dem
Gegenverkehr

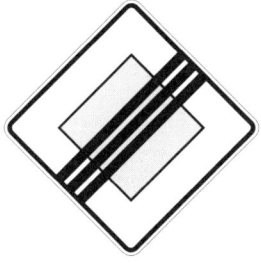

Ende der Vorfahrtstraße

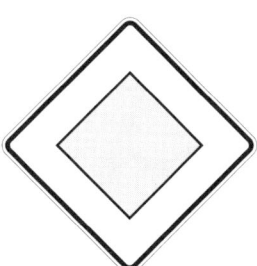

Vorfahrtstraße

Warnhinweise

Unfallgefahr

Gefahr unerwarteter
Glatteisbildung

Doppelkurve
links beginnend

Schleudergefahr bei
Nässe oder Schmutz

Seitenwind

Splitt, Schotter

Einseitig (links)
verengte Fahrbahn

Ufer

Kinder

Flugbetrieb

Unbeschrankter
Bahnübergang

Eingeschränktes
Lichtraumprofil
durch Bäume

Richtungszeichen

Gehweg gegenüber
benutzen

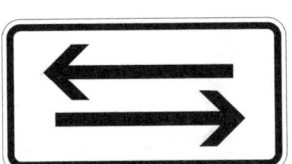

Beide Richtungen

Geradeaus

Geradeaus und rechts

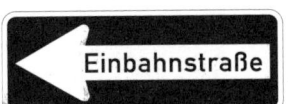

Einbahnstraße

Ausfahrt

Ausfahrt von anderen
Straßen

Zur Autobahn

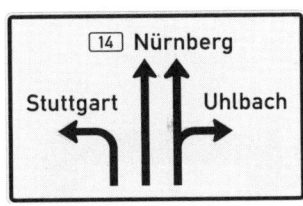

Vorwegweiser (Empfeh-
lung, sich frühzeitig ein-
zuordnen)

Vorwegweiser für
bestimmte Verkehrs-
arten

Allgemeine Hinweise

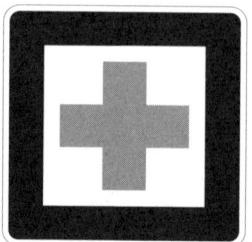

Erste Hilfe   Pannenhilfe   Fernsprecher

Tankstelle   Zeltplätze und Plätze für   Auskunft
                    Wohnwagen

Verkehrsfunksender   Autobahnhotel   Autobahngasthaus

Autobahnkiosk   Toilette   Notrufsäule

Distanzhinweise

Entfernungsangabe bis zum Ziel

Anhalten in 100 m

3-streifige Bake (rechts)
150 m vor Bahnübergang

3-streifige Bake (links) vor
Bahnübergang (ca. 240 m)

3-streifige Bake (links)
150 m vor Bahnübergang

1-streifige Bake (links)
vor Bahnübergang
(ca. 80 m)

Andreaskreuz: Dem
Schienenverkehr
Vorrang gewähren

Leitpfosten links

Leitpfosten rechts

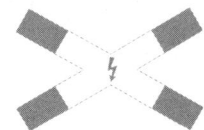

Andreaskreuz (liegend):
wie oben. Bahnstrecke hat
elektrische Fahrleitung.

Geschwindigkeitsvorschriften

Eingeschränktes
Halteverbot für eine
Zone

Ende eines
eingeschränkten Park-
verbots für eine Zone

Ende einer vorge-
schriebenen Mindest-
geschwindigkeit

Zulässige Höchstgeschwindigkeit

Ende der Geschwindig-
keitsbegrenzung

Richtgeschwindigkeit

Ende eines Fahrstreifens und
Ende der vorgeschriebenen
Mindestgeschwindigkeit

Ortsbezeichnungen

Ortstafel am Ortseingang   Ortstafel am Ortsausgang

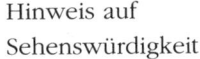

Hinweis auf   Hinweis auf Gewässer
Sehenswürdigkeit

Nummernschild   Nummernschild   Straßenbezeichnungstafel
für Bundesstraßen   für Autobahnen

Freizeit, Reise und Sport

Die hier zusammengestellten Piktogramme stehen für Freizeitaktivitäten,
Transport und Unterkunft.

Schiffs-
anlegestelle

Information

Scheiben-
schießen

Rollschuh-
laufen

Segelfliegen

Kegeln

Regenschirm-
verleih

Fahrradverleih

Autofähre

Liegewiese

Zelten

Reiten

Klettern

Wandern

Seilbahn

Ballspiel

Solarium

Museum

Erste Hilfe

Biergarten

Schwimmbad

Zimmer mit Bad

Telefon

Restaurant

Französisches Bett

Zweibettzimmer

Für Rollstuhlfahrer

Rolltreppe

Rauchverbot

Schließfach

Toiletten für Damen
und Herren

Dusche

Rezeption

Taxistand

Taxistand und
Bushaltestelle

Sportarten

Ein gutes Piktogramm muss auf den ersten Blick zu erkennen geben, was gemeint ist. Hier finden Sie eine Sammlung von Piktogrammen, die verschiedene Sportarten „sprechend" darstellen.

Segeln	Wasserball	Tennis	Billard
Volleyball	Federball	Handball	Golf
Basketball	Fußball	Rollhockey	Gewichtheben
Kickboxen	Judo	Bogenschießen	Sportschießen
Springreiten	Skispringen	Skilanglauf	Tischtennis
Eiskunstlauf	Boxen	Fechten	Motocross

Bedienungspiktogramme

Damit der Nutzer die Funktion eines Schalters sofort begreift, müssen die Piktogramme sehr plakativ konzipiert sein.

Standlicht

Zusätzlicher
Scheinwerfer

Nebelscheinwerfer

Innenraum-
beleuchtung

Abblendlicht

Aufblendlicht

Zigaretten-
anzünder

Warnblink-
anlage

Tankanzeige

Kühlwasser-
temperatur

Hupe

Batterieanzeige

Ölstand

Heizung
warm/kalt

Heckscheiben-
heizung

Scheibenwischer

Gefahrenhinweise und Verbote

Um vor speziellen Gefahren zu warnen, gibt es Piktogramme, deren graphische Elemente eindeutig auf die Art der Gefährdung und die vorgeschriebenen Maßnahmen hinweisen. Allein die Dreiecksform signalisiert schon, dass es sich um ein Gefahrenpotential handelt. Das Zeichen selbst spezifiziert dann die konkrete Gefahr. Auf den runden Verbotsschildern ist die untersagte Aktivität meist in durchgestrichener Form dargestellt. Auch hierbei ist es wieder wichtig, dass man sofort begreift, welche Tätigkeit untersagt ist. Die Gefahrenhinweise und Verbote sind nicht international genormt, doch ähneln sie sich stark. So bringt jedermann sofort z.B. einen Totenkopf mit Gift in Verbindung. Die konkrete Gestaltung der Symbole kann sich so in Nuancen unterscheiden.

Warnung vor Flur-
förderfahrzeugen

Warnung vor elektro-
magnetischen Feldern

Warnung vor
Elektrizität

Warnung vor
Laserstrahl

Warnung vor
magnetischen Feldern

Warnung vor explosions-
gefährlichen Stoffen

Warnung vor feuer-
gefährlichen Stoffen

Warnung vor Gift

Warnung vor
Radioaktivität

Durchgang verboten

Kein Trinkwasser

Schutzhandschuhe
benutzen

Atemmaske benutzen

Schutzhelm tragen

Hörschutz benutzen

Augenschutz benutzen

Schutzschuhe
vorgeschrieben

Ätzende Stoffe

Feuer, offenes Licht,
Rauchverbot

Literatur und Quellen

Bahn, Peter: Familienforschung, Ahnentafel, Wappenkunde (Falken Verlag, Niedernhausen/Ts., 1986)

Barthel, Gustav: Konnte Adam schreiben? (Verlag M. DuMont Schauberg, Köln, 1972)

Bauer, Wolfgang, Dümotz, Irmtraud und Golowin, Sergius: Lexikon der Symbole (Fourier Verlag, Wiesbaden, 1994)

Bellinger, Gerhard J.: Knaurs großer Religionsführer (Droemersche Verlangsanstalt, München, 1990)

Bellinger, Gerhard J.: Knaurs Lexikon der Mythologie (Knaur Verlag, München, 1999)

Bruce-Mitford, Miranda: Zeichen & Symbole (Belser Verlag, Stuttgart, Zürich, 1997)

Buschmann, Marlies, Kehr, Brigitte, Schabacker, Monika und Spitlbauer, Gabriele: Die Hauswirtschaft. Warenkunde und Verbraucherwissen (BLV Verlagsgesellschaft München, Wien, Zürich, 1991)

De Vries, S. Ph.: Jüdische Riten und Symbole (Fourier Verlag, Wiesbaden, 1982)

Eberhard, Wolfram: Lexikon chinesischer Symbole (Eugen Diederichs Verlag, Köln, 1987)

Eichenberger, Willy: Flugwetterkunde (Schweizer Verlagshaus AG, Zürich, 1990)

Fachwissen Bekleidung (Verlag Europa-Lehrmittel, Nourney, Vollmer GmbH & Co., Haan-Gruiten, 2001)

Földes-Papp, Károly: Vom Felsbild zum Alphabet (Belser Verlag, Stuttgart, 1996)

Friedrich, Johannes: Geschichte der Schrift (Carl Winter, Universitätsverlag, Heidelberg, 1966)

Frutiger, Adrian: Der Mensch und seine Zeichen (Fourier Verlag, Wiesbaden, 2001)

Göschel, Heinz (hrsg.): Lexikon Städte und Wappen der DDR (VEB Bibliographisches Institut Leipzig, 1984)

Jackson, Donald: Alphabet. Die Geschichte vom Schreiben (S. Fischer Verlag, Frankfurt a. M., 1981)

Ladner, Gerhart B.: Handbuch der frühchristlichen Symbolik (Belser Verlag, Stuttgart, Zürich, 1992)

Lexikon der östlichen Weisheitslehren (Scherz Verlag, Bern, München, Wien, 1986)

Lurker, Manfred (hrsg.): Wörterbuch der Symbolik (Alfred Kröner Verlag, Stuttgart, 1983)

Miers, Horst E.: Lexikon des Geheimwissens (Verlag Hermann Bauer, Freiburg i. Br., 1970)

Mohr, Gerd-Heinz: Lexikon der Symbole (Verlag Herder, Freiburg i. Br., 1991)

Moser, Bruno: Bilder, Zeichen und Gebärden (Südwest Verlag, München, 1986)

Norie, J. W. und Hobbs, J. S.: Flaggen aller seefahrenden Nationen (Edition Maritim, Hamburg, 1987)

Owuso, Heike: Symbole der Indianer Nordamerikas (Schirner Verlag, Darmstadt, 1998)

Panati, Charles: Populäres Lexikon der religiösen Gegenstände und Gebräuche (Eichborn GmbH & Co. Verlag KG, Frankfurt a. M., 1998)

Rabbow, Arnold: dtv-Lexikon politischer Symbole (Deutscher Taschenbuch Verlag, München, 1970)

Riedel, Ingrid: Formen (Kreuz Verlag, Stuttgart, 1990)

Roob, Alexander: Alchemie & Mystik (Benedikt Taschen Verlag, Köln, 1996)

Schwarz-Winklhofer, I. und Biedermann, H. (hrsg.): Das Buch der Zeichen und Symbole (Verlag für Sammler, Graz, 1972)

Urech, Edouard: Lexikon christlicher Symbole (Christliche Verlagsanstalt GmbH, Konstanz, 1992)

Wills, Franz Hermann: Schrift und Zeichen der Völker von der Urzeit bis heute (Econ, Düsseldorf, Wien, 1977)

Wirth, Werner (hrsg.): Flaggenatlas Erde (Justus Perthes Verlag Gotha GmbH, Gotha, 2000)

Register